Si salieras a vivir...

Patricia Ramírez, conocida como Patri Psicóloga, es psicóloga, escritora, conferenciante y divulgadora en diferentes medios de comunicación. Patricia es licenciada en Psicología, tiene un máster en Psicología clínica y de la salud y un doctorado del Departamento de Personalidad, Evaluación y Tratamiento Psicológico de la Universidad de Granada.

En 2017 fue galardonada con el Premio del Colegio Oficial de Psicólogos de Andalucía Oriental a la mejor divulgadora en redes sociales, y en 2024 obtuvo el Premio MIA 2024 a la mujer más influyente de Aragón en la categoría de divulgación y generación de contenido. Desde sus redes, en las que cuenta con más de un millón de seguidores, ofrece diariamente consejos y herramientas a través de sus vídeos y posts, y divulga sobre lo que más le apasiona: la psicología de la vida cotidiana.

Es autora de once libros, entre los que destacan: *Vivir con serenidad* (Grijalbo, 2022), *Somos fuerza* (Grijalbo, 2021) y *Cuenta contigo* (Conecta, 2016), el cual lleva más de once ediciones. Colabora habitualmente en televisión, radio, prensa y revistas. Destaca su participación en el programa *Para todos la 2* de TVE. Desde 2021 está de gira con su equipo por España con cinco obras de teatro que acercan la psicología al público desde el humor y el rigor, y que dan herramientas para gestionar la ansiedad, la adolescencia, la menopausia y las relaciones de pareja. Estos cinco espectáculos se pueden ver en las principales ciudades del país.

Es conferenciante habitual sobre temas relacionados con la actitud, la fuerza de voluntad, la confianza, el liderazgo y el optimismo, e imparte talleres semanalmente, online y de forma presencial. Su clínica online, de cobertura nacional e internacional, tiene un objetivo claro: mejorar la vida de las personas.

Para más información, visita la página web de la autora: www.patripsicologa.com

También puedes seguir a Patricia Ramírez en Instagram: @patri_psicologa

PATRICIA RAMÍREZ LOEFFLER

Si salieras a vivir...

Hábitos para disfrutar de una vida plena

DEBOLS!LLO

Primera edición en Debolsillo: marzo de 2025

© 2018, Patricia Ramírez Loeffler
© 2018, 2025, Penguin Random House Grupo Editorial, S. A. U. /
Travessera de Gràcia, 47-49. 08021 Barcelona
Diseño de la cubierta: Penguin Random House Grupo Editorial / Yolanda Artola
Imagen de la cubierta: © Genís Muñoz

Printed in Spain – Impreso en España

ISBN: 978-84-663-4663-4
Depósito legal: B-22.338-2024

Diseño y maquetación: Jorge Penny
Impreso en Liberdúplex
Sant Llorenç d'Hortons (Barcelona)

P 3 4 6 6 3 4

A todos mis **SEGUIDORES**, porque sois vosotros los que dais valor a mi trabajo. Nunca me hubiera propuesto escribir un libro con post-it si no fuera por los miles de «me gusta» que tienen los que comparto.

GRACIAS A VOSOTROS, mis frases, mis reflexiones, mis pizarras y mis post-it tienen sentido. Es imposible nombraros a todos, pero sentiros todos incluidos.

Con mucho amor, gracias mil.

ÍNDICE

INTRODUCCIÓN

Si salieras
a vivir...
¿qué harías
para tener
un día pleno?

Esta es una de mis frases, esas que invitan pensar, a abrir tu mente y a plantearte otras formas de ser más feliz. Me gustaron mucho las respuestas de mis seguidores cuando la lancé en las redes sociales. Respuestas sencillas, que no costaban dinero, fáciles de llevar a cabo y que inspiran a mucha gente que se siente marchita, sin fuerza y sin ganas. «Pasear por la orilla del mar, ir andando a trabajar, tomarme un café sin prisas, darme una señora ducha, jugar al fútbol con la ilusión de cuando era niño, abrazar a mi madre con fuerza, perderme un rato en el vivero, plantar hierbabuena...»

Te invito a través de este libro, de sus doce hábitos y de los ejercicios prácticos que incluye, a adoptar la actitud que te permita vivir con ganas, con serenidad, con plenitud. Un día puede ser algo más que un día. Un día puede ser, en parte, lo que tú decidas.

Si sigues mis redes sociales habrás leído más de una vez otra de mis frases favoritas: **«Las situaciones nunca son perfectas, tu actitud sí puede serlo».** Porque, independientemente del momento en el que te encuentres y las circunstancias que atravieses, siempre te quedará la libertad de elegir cómo enfrentarte a cada situación.

La actitud no lo es todo. Y quien piense que solo con actitud y tesón obtendrá el premio, sinceramente, es un iluso. Pero sí es el cimiento, la base, la fuerza, el motor o la ambición para involucrarte en aquello que deseas. **La actitud no lo es todo, pero sin ella no eres nada.** En las redes se promueve la filosofía de que la actitud te pone al límite y que esos límites están para superarlos. Pero ni siempre está uno motivado para hacerlo, ni tampoco tenemos que estar superándonos cada dos por tres como clave de la felicidad. Si la actitud no se acompaña de talento, inteligencia, habilidades, aptitudes, genética, valores, se queda sola ante el peligro. Sería exigirle demasiado a la actitud.

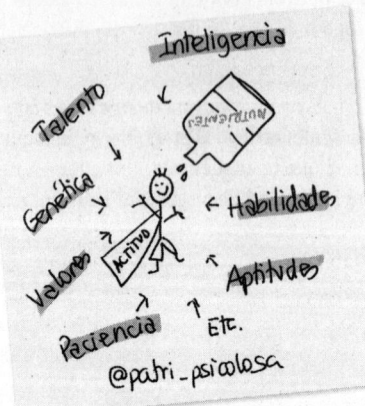

Si no tienes voz, pero tienes actitud, ya te puedes dar de cabezazos contra una pared, que nunca podrás ser cantante profesional. Podrás aprender a impostar la voz y no desafinar tanto al cantar, pero lo que se dice cantar como los ángeles... lo siento, pero no.

La felicidad reside más en la aceptación, la paz interior, en vivir momentos, en superarse cuando uno decide hacerlo, en saber gestionar las emociones de forma sana, en tener relaciones de confianza, en ser una persona de bien, en llevar una vida coherente con el sistema de valores y en sentirse a gusto con lo que uno es y tiene.

Así que podemos concluir que la actitud es mejor tenerla de aliada, de «**mejor amiga**», pero que también necesitamos otros valores y una base sobre la que trabajar.

La actitud está relacionada con nuestros hábitos. Ella permite entrenarlos y modificarlos. Los hábitos nos facilitan la vida. Y cuando tenemos hábitos coherentes con el estilo de vida que deseamos llevar, nos sentimos felices y plenos. Y ese es un propósito de este libro. **Poder llevar una vida plena.** Pero los hábitos son muy puñeteros, sí, esa es la palabra que los define. Son puñeteros porque son costosos de cambiar o de adquirir. Porque no es algo que compres en el supermercado a bajo precio, sino que requiere planificación, entendimiento, una finalidad y mucha repetición. Y durante todo el proceso surgen emociones maravillosas como aquellas que son fruto de lo que vamos consiguiendo, pero otras menos agradables como la frustración, la rabia o la tristeza que nos llevan a dudar de nosotros y a que nos planteemos abandonar. Pero los hábitos son hábitos, es decir, no son monstruos, son amigos. No es algo a lo que tengamos que temer, sino aquello con lo que nos tenemos que aliar. Y para eso tienes este libro ahora en tus manos.

Durante los 22 años que llevo ejerciendo como psicóloga de la salud y del deporte, parte de mi motivación ha sido conseguir hacer muy prácticos todos los conceptos, paradigmas y teorías que la psicología ofrece desde su lado más científico. Al paciente y al deportista, además de aquello que tiene que hacer y de por qué lo tiene que hacer, le interesa saber **CÓMO** modificarlo. La gente quiere recursos fáciles que le allanen la vida. Y creo sinceramente que ese es uno de los valores que yo aporto a la psicología: conseguir que <u>sea fácil, práctica y divertida</u>. Espero poder inspirarte así a través de este cuaderno de trabajo.

Tanto en mis sesiones individuales, libros, artículos como conferencias, me gusta hacer participar al que asiste. Porque está demostrado que cuando interactuamos con la información, vemos, escuchamos, jugamos, participamos, el aprendizaje es mayor y los cambios también son más estables. **<u>Participar motiva.</u>**

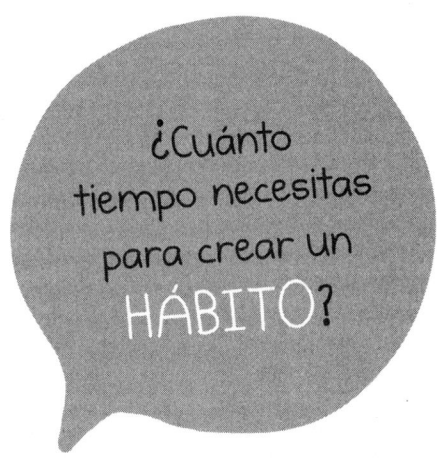

Un estudio reciente de Jane Wardle, del University College de Londres, publicado en el *European Journal of Social Psychology*, afirma que 66 días es la media de tiempo que una persona tarda en adquirir un nuevo hábito. Y quédate con esta idea: cambiar de hábitos está al alcance de todos. ¿Por qué? Porque tenemos un cerebro maravilloso con plasticidad neuronal. Significa que estás capacitado toda la vida para seguir aprendiendo cosas nuevas, y esto incluye cambiar de hábitos y abandonar los que no nos convienen. No hay una sola etapa de nuestra vida en la que no podamos cambiar algo si así lo deseamos. Para conseguirlo, la actitud marcará la diferencia: necesitas **compromiso, implicación y esfuerzo.** Pero, tranquilo, te iré acompañando para echarte un cable. Verbaliza conmigo, y si puedes delante del espejo, mejor (es importante convencer a la persona que estás viendo en el espejo): **«Yo puedo, yo también puedo, ¿dónde está escrito y demostrado lo contrario?».** Y si le guiñas el ojo a esa persona, mejor. Así, con descaro, como quien tiene claro que va a por todas.

Tenemos la suerte de poder entrenar la actitud, es decir, afinar en aquello que nos falte para poder ser más felices, eficaces, hábiles, serenos. Y esta es la finalidad de este libro interactivo en el que tú y yo vamos a ir diseñando, dibujando y creando un proceso en el que puedas entrenar aquello que elijas.

Igual que entrenas tu cuerpo...

también puedes entrenar tu MENTE.

@patri_psicologa

Y no me refiero a la cantidad de ejercicios mentales y juegos que permiten fortalecer tu cerebro y tenerlo joven. Me refiero a entrenar tus pensamientos, tus emociones y tus comportamientos para llegar al puerto que elijas.

Igual te están surgiendo en este momento algunas dudas.
Veamos si puedo resolvértelas.

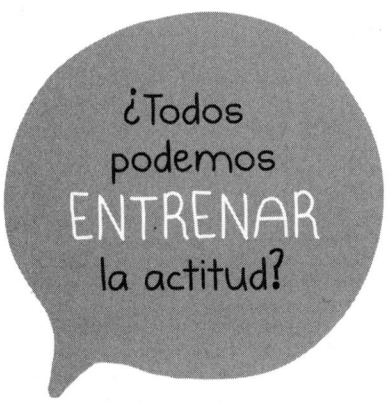

¿Todos
podemos
ENTRENAR
la actitud?

Sí, siempre que tú lo elijas. Superarte, cambiar, tener otros hábitos o plantearte metas es algo que debes elegir tú. Nadie puede imponerte una forma de ser, ni de pensar, ni de comportarte. Tampoco pueden decirte qué debes sentir. Eres libre de elegir tus cambios o de no hacerlos. Pero si lo deseas, el mundo tiene actitud para todos, y en grandes cantidades. Sal a luchar por la ración que te toca.

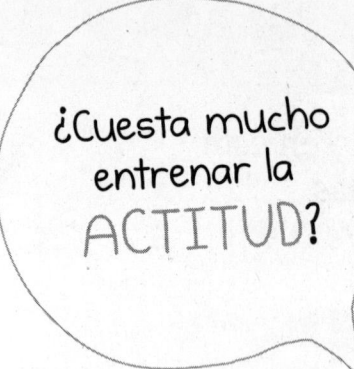

¿Cuesta mucho entrenar la ACTITUD?

Pues todo depende del método. Si te lo planteas en plan soldado marine, *no pain no gain*, sí. Pero si nos planteamos el cambio con diversión, compasión, paciencia y jugando, seguro que será mucho más divertido. Aun así tendremos momentos de bajón, de querer tirar la toalla, de dudas. No pasa nada, porque es lo normal cuando uno decide cambiar, y buscaremos estrategias para superar esos momentillos. Si quieres entrenar tu actitud te costará, no voy a quitar valor al esfuerzo que vas a realizar, pero puede representar un coste divertido y entretenido. Aquí no hacemos nada a la fuerza.

Cuando te vengas abajo, descansa, busca el porqué, permítete los días que necesites para retomar tu cambio, trátate con respeto y compasión, y cuando lo decidas, continuamos. Y yo trataré de motivarte con historias de superación, con mis frases, pidiéndote que compartas tus logros y ayudes a avanzar a otros a través de las redes sociales. Y entre todos, **buscaremos un final feliz.**

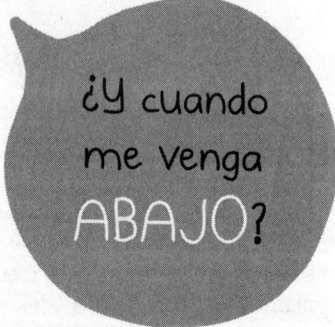

¿Y cuando me venga ABAJO?

Yo soy muy torpe y ya he fracasado varias veces. No sé si me veo capaz de ENFRENTARME otra vez.

Este es un sentimiento común: evitar el sufrimiento que genera la frustración de no haberlo conseguido antes. Pero yo creo que más frustrante es vivir una vida en la que no estás siendo protagonista de tus sueños. Igual deberíamos aprender juntos a ver la frustración como el motor que te lleva a intentarlo una vez más, sin reproches y sin culpa. Simplemente como un nuevo intento. Cuando juegas a tu juego preferido en el móvil o al practicar deporte, no sueles darle importancia cuando pierdes una partida. ¿Por qué? Porque es solo un juego. Incluso motiva volver a empezar y enfrentarte al reto. Cuando contemplamos los retos desde el punto de vista lúdico, perdemos el miedo a fallar. Así que trata de hacer lo mismo con los retos de la vida.

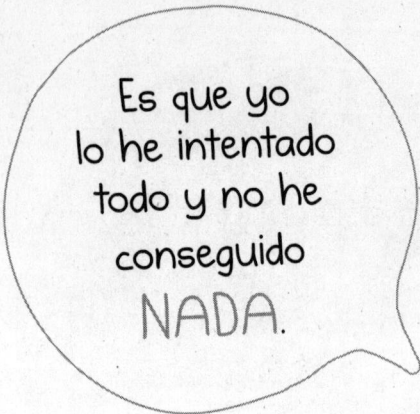

Es que yo
lo he intentado
todo y no he
conseguido
NADA.

Intentarlo todo no es intentar lo correcto. Y más no es sinónimo de mejor. No pierdes nada por ver el cambio desde esta nueva perspectiva en la que tienes que involucrarte, llevar un diario y trabajar mentalmente sobre tu propio proceso. Prueba, date una oportunidad y empieza por quitarte la etiqueta de **«no soy capaz».** Sí lo eres, lo que pasa es que no estás entrenado para ello.

Además de esta introducción que te tiene casi convencido de que sí es posible, te encontrarás con **doce hábitos** saludables que te ayudarán a disfrutar de una vida plena. Cada hábito tiene una pequeña introducción, esquemas, ejercicios y post-it que lo ilustran. Todo son herramientas que puedes poner en práctica para empezar con el cambio.

ESTOS SON LOS DOCE HÁBITOS:

Puedes comenzar por el hábito que desees, entrenar los doce o solo uno. Tú eliges. Y puedes dedicarle a cada hábito las semanas que decidas. Igual un cambio de hábito requiere un mes y medio y otros, tres meses.

Tú marcas el ritmo y los tiempos. Recuerda que esto tiene que ser divertido, entretenido y motivador. No nos vale el sufrimiento para conseguir el cambio.

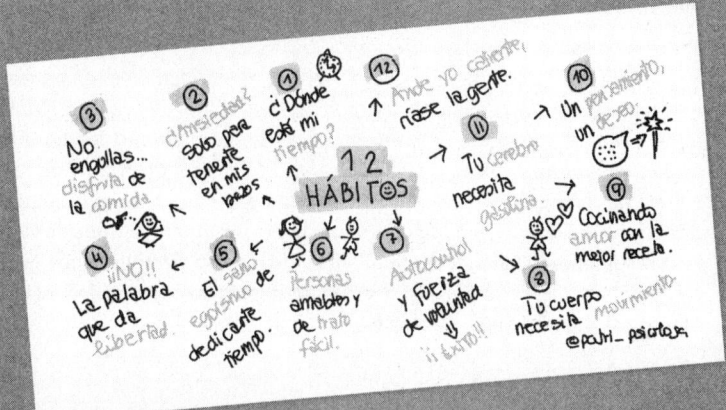

Puede que doce hábitos no sean suficientes para disfrutar de una vida plena, pero los que te presento en este libro son los cambios que más me han demandado mis pacientes en la consulta. Si echas alguno en falta, no dudes en escribirme un email y lo tendré en cuenta para la próxima vez.

Hay un principio que me gustaría que acompañara siempre a cualquiera de estos doce cambios que elijas, puesto que permitirá que se conviertan en estables y duraderos.

Todos sabemos que ponerse a dieta unos días es sencillo y que lo complicado es mantenerla. Por esto te pido que, a partir de ahora, cuando elijas un reto, lo eleves a **filosofía de vida**. De tanto marcarnos objetivos y no cumplirlos, terminamos por no creer en ellos ni en nosotros mismos, lo cual resulta frustrante. Pero cuando alguien da un giro, cambia de valores y convierte un reto en una filosofía de vida, su paciencia aumenta y también mejora la manera de abordar el asunto. Cuando nos enfrentamos a una nueva filosofía de vida, es más complicado fallar. ¿Por qué? Porque es algo para siempre. Si hoy no lo conseguimos, no se acaba el mundo; mañana habrá otra oportunidad. Es una filosofía de vida, es para toda la vida.

Te voy a poner un ejemplo muy simple. Imagina que eres alguien muy pulcro que cuida siempre sus hábitos de higiene, pero que, por el motivo que sea, hoy estás agotadísimo, tienes una migraña tremenda o, simplemente, se te olvida lavarte los dientes una de las tres veces que lo haces al día. No pasa nada. Seguro que no te machacas por ello, ni te dices: **«Guarro asqueroso, ¿cómo has sido capaz de fallar a tu reto de lavarte los dientes? ¡Si es que eres incapaz de conseguirlo!»**. Lo más seguro es que al día siguiente, al levantarte, te laves los dientes y vuelvas a hacerlo tres veces al día como tienes por costumbre. <u>Porque forma parte de tu rutina y de tu filosofía de vida.</u> Lo retomas y listo.

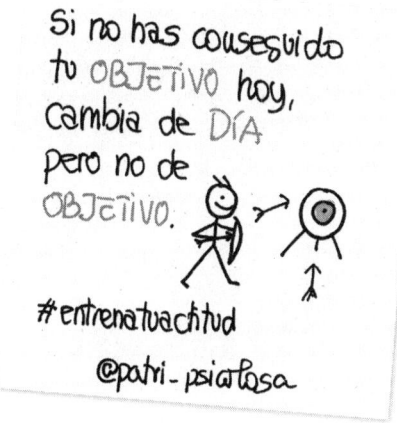

Cuando nos tomamos el cambio como una nueva filosofía de vida y modificamos nuestros hábitos, estamos cumpliendo con nuestro deseo desde el primer minuto sin más, sin que tenga que llegar el premio, porque el premio es el propio estilo de vida nuevo que hemos elegido.

Si el objetivo fuera comer sano, tener paciencia o hacer más ejercicio y hubieras abandonado, sería el acabose. **«Ya estás igual otra vez. No has salido a correr, te puede la pereza.»** Te sentirías mal y quizá terminarías por abandonar tu objetivo.

Así que a partir de ahora queremos:

✓ PACIENCIA:
esto es para toda la vida.

✓ COMPASIÓN:
tratarte mal no acelera el proceso.

✓ COMPRENSIÓN CON EL ERROR:
forma parte del proceso.

✓ ESTAR PRESENTE:
sí, disfruta del momento, del proceso, del aquí y del ahora. El premio es tu nuevo estilo de vida.

¿Dónde está mi tiempo? Organización y planificación

La mayor excusa de todas las personas a la hora de no emprender sus objetivos, de no cumplir con los plazos, de no llevar la vida que desean conforme a sus valores, de no ser capaces de cambiar de hábitos o de actitud, es la falta de tiempo. Hasta que nos morimos, el tiempo para todo el mundo es el mismo, 24 horas diarias. El problema por lo general no es la falta de tiempo, sino la desorganización, la falta de planificación y el no saber establecer prioridades. Un ejemplo muy claro son los estudios que demuestran que las personas que realizan alguna actividad física de forma rutinaria no disponen de más tiempo ni de menos obligaciones que los que no se entrenan. Solo se organizan mejor.

Tengo la suerte de haber sido educada en el Colegio Alemán, y eso, si lo sabes aprovechar, te da una gran ventaja: mente ordenada y gestión del tiempo. Gestionar el tiempo adecuadamente aumenta muchísimo tu productividad, tu eficacia y tu satisfacción personal. Porque al final terminas jugando al Tetris con tu orden y tus actividades y acabas encontrando tiempo para todo. Sinceramente, no recuerdo una situación en mi vida en la que haya llegado tarde. Incluso cuando me olvido algo en casa y tengo que retroceder, llego a la hora. No me importa que me hagan esperar, pero no me gusta hacer esperar a nadie.

La clave de la gestión empieza por poner encima del tablero, metafóricamente hablando, nuestras actividades (y aquí se incluye todo: ocio, pintarte las uñas, ir a la compra, horas de trabajo, todo) y las horas de que disponemos. Hay gente que cree que realizar este tipo de tareas les hace perder el tiempo. Pero es todo lo contrario. Son los típicos que se dedican a improvisar, los que no cuentan con el tiempo que se pierde en los desplazamientos y por ello llegan tarde, etc. **Planificar el tiempo es la solución** para que todo encaje y tengas ratitos para ti. Una buena lista es como una tabla de salvación. Dedica, por favor, unos minutos a elaborar tu lista de toooooooodo lo que haces a lo largo de un día, de una semana o de un mes. Si tus días o semanas son idénticos, no necesitas hacer más que una serie. Si realizas muchas cosas distintas al mes, es mejor que lo anotes todo. Vamos con un ejemplo. Te muestro mis actividades anotadas y tú, al lado, debes escribir las tuyas. La tarea no te llevará más quince minutos. Está claro que habrá cosas que se nos olviden, que surjan, como puede ser un viaje inesperado. Siempre hay algo que se queda fuera del control. Pero no importa. No se trata de abarcarlo todo. Siempre es mejor tener controlado el noventa por ciento que no tener nada.

TODO LO QUE HAGO DURANTE EL MES:

A diario o día sí, día no:

TODO LO QUE HAGO DURANTE EL MES:

A diario o día sí, día no:
- ✓ Ver pacientes
- ✓ Escribir nuevo libro
- ✓ Correr
- ✓ Cocinar
- ✓ Leer
- ✓ Ver mi serie favorita
- ✓ Ordenar mi casa
- ✓ Rotular post-it
- ✓ Gestionar mis redes sociales

Una vez a la semana, aprox.:
- ✓ Dar conferencias
- ✓ Nadar
- ✓ Ir al mercado
- ✓ Escribir columna *Marca*
- ✓ Escribir blog Sportlife

Una vez al mes, aprox.:
- ✓ Peluquería
- ✓ Dentista, alguna visita médica
- ✓ Escribir artículos Vida Caixa, Forté Pharma y sección revista *Sportlife*
- ✓ Grabar canal YouTube

Una vez a la semana, aprox.:

Una vez al mes, aprox.:

Yo soy un modelo de conducta pésimo para muchas cosas; entre otras, digo muchas palabrotas que me encantan y que mis hijos, por supuesto, copian. Pero entre mis puntos fuertes está el de ser una buena gestora del tiempo. Es más, mucha gente me pregunta en las redes cómo llego a todo, de dónde saco el tiempo. Del mismo lugar que todo el mundo. Creo que me da para todo: correr, tengo dos hijos míos y dos de mi marido, atender mi consulta, imparto conferencias, escribo para *Marca*, *Sportlife*, el blog de mi web, el de VidaCaixa, Forté Pharma, la publicación *Objetivo Bienestar* y otros medios escritos; me gusta cocinar, ver mis series, leer, hablar con mis hijos, salir al cine, ir a nadar, pasear al perro, pintar post-it; salgo en televisión y colaboro en radio, escribo libros, gestiono mis redes sociales, contesto en torno a cien correos diarios, ordeno algunas cosas de mi casa, voy al mercado (me encanta elegir la fruta y la verdura frescas), realizo talleres algunos sábados, y todavía me queda tiempo para fantasear y ejecutar proyectos nuevos como el de la venta de mis tazas por internet. Sí, solo de leerlo, a más de alguno le agobia. Pero fíjate que yo siento de todo menos agobio. No te niego que, alguna vez, alguna punta de trabajo me ha estresado, pero es algo muy inusual en mí. Y además no suelo realizar nada corriendo. Intento fluir, disfrutar del presente y empaparme de todo. Creo que la receta está en la **organización y la planificación**.

Otra excusa de los que no se planifican es la idea absurda de que la vida organizada pierde su parte de espontaneidad y de naturalidad. Un jamón que te comas. La espontaneidad y la naturalidad son completamente compatibles con el orden y la gestión si tienes una mente flexible. Hasta el humor es compatible con ello. Las rutinas y el orden dan seguridad y hasta paz interior. Es más fácil estar de mejor humor y disfrutar de cada momento cuando vives con serenidad en lugar de vivir con la sensación de tener todo pendiente y de no llegar a nada.

La mayoría de las personas que se quejan de no tener tiempo, las que postergan, las que se enredan en el perfeccionismo para no entregar nada a tiempo, suelen decirte que no tienen tiempo ni para organizar su tiempo. Pero lo cierto es que, hasta ahora, su falta de gestión del tiempo no les ha servido más que para frustrarse, para no tener tiempo para ellos y para sentir más ansiedad que el resto de los que sí nos organizamos. Os prometo que organizarse es una liberación.

Empecemos por pensar qué ventajas tendría en tu vida **conseguir más tiempo:**

Conocer las ventajas de organizarnos puede ser un plus de motivación para empezar a gestionar mejor el tiempo.

¿Qué consejos pueden ayudarnos a dar el cambio?

1. LO QUE NO ESTÁ ESCRITO SE OLVIDA

Hacer listas, anotar o llevar una agenda es fundamental en temas de organización. Cómprate una agenda bonita que te guste abrir cada día. Yo suelo adquirir mi agenda en Zara Home. Llevo haciéndolo años. Las tienen preciosas. Me las compro de día visto, así me cabe todo perfectamente en una hoja. Cada año, pasado el puente del doce de octubre, salgo a por mi agenda. Se ha convertido ya en un ritual. Te parecerá una chorrada, pero es un momento especial para mí. La agenda nueva es el inicio de un nuevo año, de nuevos proyectos, de lo que me depara el futuro, de las cosas en las que creo, de las oportunidades que me llegan y de las que yo genero. No tardo mucho en decidirme por la agenda porque enseguida hay una que me atrapa. Y tengo guardadas todas mis agendas, de todos mis años profesionales.

2. AGENDAR

Supone trasladar a la agenda lo que hemos escrito en la lista «todo lo que hago durante el mes», actividades diarias, semanales y mensuales. Hay personas que pueden planificar a mes visto, otras que necesitan hacerlo de semana en semana o incluso el día anterior. Da igual. Lo importante es coger la costumbre de ponerte delante de la agenda y **anotarlo todo**.

Al apuntar las actividades debes tener en cuenta algo muy importante: los tiempos. Hay que ser muy muy respetuoso con los tiempos. Si tratas de encajarlo todo a presión, terminarás por acumular retrasos que te impedirán realizar lo que tienes anotado. Calcula el tiempo que tardas con cada actividad y, sobre todo, los tiempos de traslados. Lo que tardas en llevar a tus hijos al cole, en ir a una reunión, etc. Se pierde mucho tiempo en los desplazamientos y hay personas que no los tienen en cuenta.

Otro consejo a la hora de calcular los tiempos es el margen de error. Ya quisiéramos que todo saliera tal y como planificamos. Supondría que todo encaja como las piezas de un reloj suizo. Pero no es así. Hay atascos, accidentes, otras reuniones que se alargan más y retrasan la tuya, fallos en la red que te dejan sin wifi, un cuello de botella en el trabajo de equipo, errores... en definitiva, problemas. Yo nunca llego tarde porque siempre salgo con minutos de sobra. Si al final hay algún retraso del tipo que sea, llevo encima un libro y leo o cuelgo algo en mis redes sociales.

Lleva en una misma agenda tus **temas personales y profesionales**. Y por último, para facilitarte la visión de tu día a día, utiliza un código de colores. Puedes tener varios fosforitos para diferenciar trabajo, ocio, casa, médicos, etc.

3. DELEGAR

Si lo realizas todo tú y no enseñas a nadie y no delegas, tendrás que seguir haciéndolo siempre tú. Cuando delegas debes dedicar un tiempo a la formación. Delegar educa a los tuyos en la responsabilidad. Muchas personas no delegan porque no ven a los otros capaces de realizar la actividad tan bien como la hacen ellas, porque no quieren perder el tiempo en enseñar a alguien, por miedo a que no sean imprescindibles si dejan de realizar parte de su trabajo o porque su educación en valores les dice que tienen que ser superwoman y que es su obligación hacerlo todo ellas. Un ejemplo muy claro de superwoman es el conflicto que surge con las tareas domésticas y la negación de contratar ayuda externa para la limpieza. Es cierto que cuando no te lo puedes permitir económicamente, este punto es indiscutible, pero muchas parejas trabajan fuera de casa con horarios partidos infernales. Van estresadísimos con la casa, el trabajo, las extraescolares de los niños; abusan muchas veces de los abuelos, tienen un carácter avinagrado porque les supera el estrés; se pasan hasta las tantas de la noche preparando las comidas del día siguiente, la plancha, el orden de los uniformes, y llega el sábado y que no se les ocurra pensar en dormir, correr o salir a pasear, no, ¡hay que limpiar! En estas circunstancias no hay persona que desee hacer el amor; es una vida de locos. Muchas de ellas podrían pagar un o una asistente de hogar, pero muchas mujeres, sobre todo ellas, se niegan. Lo ven como una debilidad y no quieren gastar dinero en ello. Pero no sabéis la cantidad de matrimonios que se llevarían mejor, tendrían más tiempo de calidad para ellos y los hijos si delegaran unas horas a la semana en la ayuda doméstica.

A mí me encanta delegar en mis hijos. Yo no pago a mis hijos por poner o quitar la mesa, meter los platos en el lavavajillas o pasear a nuestro perro Vueltas. Pero sí lo hago por trabajos que a mí me pueden generar ingresos y que no forman parte de las responsabilidades compartidas de una familia. Por ejemplo, mis hijos cobran por editar los vídeos que cuelgo en las redes sociales o por poner el café para mis asistentes a los talleres. Creo, además, que es una manera de que empiecen a ganarse la vida y tengan su dinerillo. Y me gusta que, cuando me olvido de pagarles, porque a veces me despisto, me lo recuerden, pues quiero que aprendan a reivindicar aquello por lo que se esfuerzan y que merecen. <u>Que no les tomen el pelo cuando sean mayores.</u>

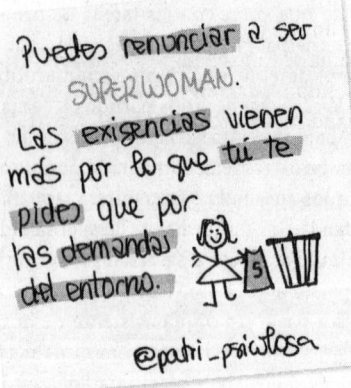

4. SÉ PUNTUAL

Las reuniones, las consultas, la atención a un cliente, todo tiene que tener una hora de inicio y una hora de finalización. El cerebro necesita que le guíes con espacios acotados de tiempo, porque así también se ordena internamente.

Sé respetuoso con esos tiempos; cuando haya terminado el tiempo de la reunión, finalízala. Si no respetas los tiempos, esto se convertirá en una regla, y los horarios no servirán para nada. Para ello es importante que calcules de forma rigurosa cuánto tiempo necesita cada actividad. Es preferible suspender una reunión que alargarla, salvo que sea un asunto importantísimo y urgentísimo. Si no respetamos los límites que ponemos, la mente se permitirá el lujo de dispersarse en la próxima ocasión en lugar de trabajar con productividad y eficacia. Un partido de fútbol dura noventa minutos más el tiempo añadido, ni más ni menos. Y cuando el árbitro pita el final, el partido acaba.

Haz partícipes a los demás de lo importante que es para ti y para todos respetar los horarios. **No esperes a los rezagados** porque es una manera muy negativa de reforzar la impuntualidad de los que llegan tarde y de no respetar el tiempo de los que sí se organizan para llegar a su hora.

5. HAZ HUECO Y PRIORIZA

Si tienes más actividades de las que puedes realizar, la solución está clara: debes renunciar a algo. **¿En qué pierdes actualmente el tiempo?, ¿a qué podrías renunciar que sea menos importante de lo que tienes ahora pendiente?** Siempre se pueden hacer pequeños cambios. Dejar de ver un rato la tele para entrenar veinte minutos; renunciar a la hora y media que tienes para comer para apuntarte a un gimnasio cerca de tu oficina; acostarte pronto para levantarte antes y preparar un almuerzo saludable que llevarte al trabajo, etc.

Se trata de cambiar un hábito que te aporte poco por otro que sea más sano, más motivante o más importante en este momento.

6. MENOS DUDA Y MÁS DECISIÓN

Algo que nos retrasa mucho y nos desorganiza es la lentitud en tomar decisiones. Hacerlo supone hacer renuncias, porque cada vez que te decides por algo, también pierdes algo. No se puede decidir solo para ganar. Por eso la gente se piensa todo muy bien, analiza, duda, vuelve, y al final, muchos no deciden. Se encuentran continuamente en una zona de bloqueo que les retrasa el cambio. Tienen ese miedo. Cuando das muchas vueltas puedes caer en el bloqueo debido a tanto análisis. Déjate guiar por la intuición... con los pies en la tierra.

Cuando te cueste mucho decidir, ponte un límite de tiempo. Debes decidir el tiempo entre el margen que tengas para decidir, la importancia de la decisión, etc. Pero ponte día y hora. Cuando te das todo el tiempo del mundo, la mente se dispersa y divaga más de la cuenta. Un poquito de presión a veces ayuda.

7. DI ADIÓS AL PERFECCIONISMO, ENLENTECE MÁS DE LO QUE SUMA

Como está, está bien. Busca tu control de seguridad. Leer dos veces un artículo, revisar tres veces un contrato, compartir con una persona de confianza una opinión clínica. **Marca el número de veces con el que crees que es suficiente para que tu trabajo esté bien, que no perfecto, y luego no revises más.** Por mucho que controles, no siempre vas a evitar el fallo. Es cierto que lo minimizas, pero muchas veces a costa de un tiempo que desperdicias y que puede ser mucho más valioso que un posible error.

Las personas muy perfeccionistas pueden tener problemas para trabajar en equipo, porque terminan no delegando y ralentizando el ritmo del grupo.

8. FACILÍTATE LA VIDA

Es maravilloso cocinar un guiso de carne al antiguo estilo de la abuela, uno de esos pucheros que llevan tres horas entre elaboración y cocción. Pero igual de saludable, o quizá más, es hacer una ensalada y una pechuga de pavo a la plancha. La ropa que no necesita plancha, no la necesita. Hay personas que planchan las toallas y los trapos de cocina. Quedan preciosos, es verdad, pero tal vez es algo a lo que podemos renunciar para facilitarnos la vida. Si hay una crema que nutre, hidrata, estira la piel, rejuvenece y lo hace todo en uno, cómprate esa en lugar de ponerte diez potingues uno detrás de otro. A esto me refiero con facilitarte la vida. No hace falta que hagas muchos cambios en tu día a día.

Agrupar también es una forma de facilitarte la gestión del tiempo, como puede ser sacar al perro y correr a la vez. Dos en uno.

El tiempo es oro, y, como dice Eduardo Mendicutti, hasta la muerte, todo es vida. Vivir de forma plena depende de cómo aprovechemos el tiempo. No lo dejes pasar, no dejes que se pierda, que se marchite. El tiempo no tiene un punto de retorno.

2

CAMBIO DE HÁBITOS

¿Ansiedad? Solo para tenerte en mis brazos

Me gusta más la ansiedad que, como dice la expresión, comer con los dedos. Así es, es mi trastorno psicológico favorito. ¿Por qué? Porque de verdad que me parece bastante sencillo tenerla bajo control. Cuando me escribe o me llama un paciente y me dice que lo que tiene es ansiedad, se me pone una sonrisa de oreja a oreja, no porque esa persona esté sufriendo, sino porque enseguida pienso que qué chulo será ayudar a alguien en su sufrimiento desde la pasión que me generan los trastornos de ansiedad. Es cierto que existen casos extremos, en los que hay alteraciones funcionales muy graves que limitan muchísimo la vida de un paciente con altísima ansiedad. Pero son los casos menos comunes. La mayoría de las personas que sufren ansiedad, es decir, un porcentaje muy grande de la sociedad, tienen herramientas eficaces a su disposición que les permitiría llevar una vida mucho más serena, placentera y feliz.

La ansiedad, salvo que sufras una cardiopatía de gravedad, es incómoda, molesta, un fastidio; vulgarmente dicho, un coñazo, pero no es peligrosa en el sentido de matarte en el acto. Aun así, no te engañes: a la larga va haciendo estragos en tu cuerpo y en tu funcionamiento mental. Con el estrés prolongado se dañan el hipocampo, la corteza prefrontal y la amígdala. Estas tres estructuras influyen en el rendimiento cognitivo a través de fallos en la memoria y en la atención, en la gestión de las emociones y en el envejecimiento. Los niveles altos de cortisol pueden repercutir también en nuestro sistema inmune y esto nos debilita físicamente.

El estrés y la ansiedad no son una tontería. Pero tampoco los demonicemos y pensemos que un estrés prologando puede ser el precursor de un cáncer, porque no es así. Ojo con las noticias sesgadas en internet y con la información poco rigurosa. No es tan simple. La ansiedad no genera cáncer. La ansiedad o el estrés pueden alterar nuestro sistema inmune, pero sobre todo, nuestros hábitos de vida saludables. Enfermedades como el cáncer tienen una multitud de componentes, desde la base genética hasta nuestro estilo de vida. Así que menos hipocondría y más responsabilidad en los hábitos de vida sanos: alimentación, descanso, fuera el tabaco y el alcohol, meditación, ejercicio físico, serenidad y mucho humor.

¿Por qué tienes ansiedad? ¿Te lo has preguntado alguna vez? La respuesta te va a parecer frívola, simple o escasa. Pero tienes ansiedad porque, salvo en casos que se justifique clínicamente, **tú la provocas.** A veces somos nuestros peores enemigos. Y para nada quiero con ello que te sientas culpable; solo que sepas que, si aprendemos a gestionar nuestros pensamientos y miedos, nuestras emociones y la manera que tenemos de actuar, la mayoría de las veces podríamos vivir lo mismo pero con serenidad, ilusión, motivación, garra, en lugar de ansiedad. No eres el culpable de tener ansiedad, no. Pero sí de darles un valor alarmante a situaciones que de por sí no son peligrosas. Hablar en público, una relación de pareja que no funciona, ir a comprar a grandes superficies, no tener amigos, relacionarte con gente, un examen, sacarte el carné de conducir, un resultado médico, tu madre... nada de esto son situaciones que pongan en peligro tu vida. Pero para muchas personas son situaciones complicadas, difíciles, a las que se teme o que incomodan y que desencadenan la respuesta de ansiedad. Por eso digo que el chocolate no engorda, engordas tú. Y que tu madre no te estresa, **te estresas tú.**

Tener claro este principio es muy importante porque te permitirá responsabilizarte del cambio. Si te dedicas a pensar que el entorno, las circunstancias, la mala fortuna o que los demás son los causantes de tu ansiedad y con ello esperas que cambien para vivir con paz interior, puede que nunca lo consigas. Tus estresores existen, son los que precipitan tu respuesta. Pero si aprendieses a darles otro valor y a manejar la situación desde otra perspectiva, seguro que reducirías el impacto en tu sistema nervioso.

Empecemos por conocer los estresores; **¿cuáles son los tuyos?** Por «estresor» me refiero a esa persona, situación o momento de tu vida que te genera ansiedad. Mira este ejemplo:

MIS ESTRESORES SON:

- No saber organizarme y tener la sensación de que no llego a nada.
- Ponerme un pantalón y que me apriete, sabiendo así que he cogido peso.
- Cuando mi madre me llama tres veces seguidas y no puedo cogerle el teléfono por trabajo, me vienen una ansiedad y una rabia tremendas.
- Coger el coche en la autopista.
- Decir un comentario que pueda ofender a alguien. No soporto que la gente piense que soy mala persona.
- Cuando veo a mi marido echado en el sofá mientras yo recojo todo lo que hay tirado por la casa.
- No controlar lo que como.
- Las cucarachas. Vivo en un lugar cálido y hay muchas. Voy caminando por la noche con miedo a pisar una y oír el chasquido. ¡Solo de pensarlo me muero!

Y ahora, al pan, pan, y al vino, vino. Menos teoría y más acción. Si tienes ansiedad necesitas tirar de recursos que te permitan gestionarla de forma adecuada. No se trata de vencerla, querer expulsarla, sino solo de buscar la manera adecuada para aprender a convivir sanamente con ella.

Un primer ejercicio que vamos a realizar, y aunque te parezca una chorrada —quiero que confíes en mí y lo hagas—, será **pintar a tu ansiedad**, tamaño bolsillo, divertida, desenfadada, informal, y plastificarla. Fíjate en lo graciosa que es la mía:

Genial, ahora ya tenemos una nueva amiga. Hasta ahora erais lo contrario. La ansiedad era el monstruo que se te agarraba en las entrañas, te impedía respirar, te tensaba muscularmente, te limitaba la vida, te impedía hablar en público y hacía que lo pasaras fatal. Y es que el primer obstáculo no era otra cosa que un problema de relación personal. No desear tener la ansiedad es como no desear tener fiebre nunca más. Imposible y absurdo. ¿Por qué? Porque la ansiedad, aunque no te lo creas, es tu **AMIGA**. Y lo pongo con mayúsculas, negrita y cursiva porque gracias a la respuesta de ansiedad y miedo hemos conseguido sobrevivir y estar hoy donde estamos. ¿Alguna vez te has planteado lo dificilísimo que es estar hoy aquí, vivo? ¿Sabes cuántas circunstancias han tenido que darse, cuántas relaciones sexuales, cuántas enfermedades vencidas o a cuántos peligros han sobrevivido nuestros ancestros para que tú seas hoy una persona? Se ha sobrevivido a las dificultades gracias a la ansiedad. Así que sin ella, tú, hoy, no estarías vivo.

Segundo ejercicio, venera a tu ansiedad y dale las gracias por existir. Busca una frase chula, divertida, para darle las gracias. Algo así como «**muñeca, reina, qué lindo que estés en mi vida, besos mil**». Y háblale en estos términos.

Guapita,
#TEAILOFIU
morena mía, sí que
eres un "pibonazo" de
ANSIEDAD... Ya
quisieran otros tener
una tan guapetona.

Ahora que tienes el dibujo de tu amiga plastificado, llévalo siempre encima y háblale; con ello convertirás las situaciones temidas en algo más cómico. Imagina que vas a un examen; métete a tu amiga en la carpeta, y antes de entrar le dices: «Nena, el examen tengo que hacerlo solo; si te cogen a mi lado pueden pensar que me estás chivando las respuestas y nos expulsarán a los dos. Cuando termine te cuento cómo me ha ido, ¿vale?». Ya verás como te entra el punto de carcajada y desaparece la ansiedad.

Un tercer ejercicio está relacionado con tus pensamientos. Sientes lo que piensas. La ansiedad es una emoción, una respuesta de nuestro organismo. Si queremos modificar las emociones, tenemos que aprender desde el inicio a gestionar nuestra manera de pensar. Y este es el quid del asunto. No pases al cuarto ejercicio si no has comprendido bien este paso. La tríada psicológica dice que hay una relación directa y bidireccional entre la manera como pensamos, cómo sentimos y cómo actuamos.

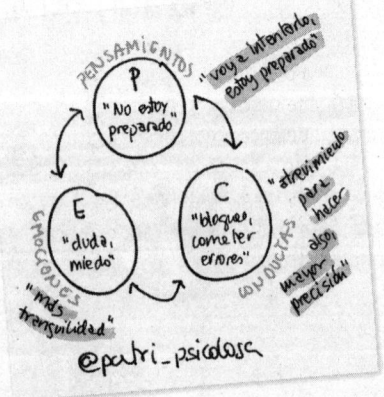

El pensamiento escrito en color negro genera un bucle de ansiedad. Pero fíjate en la alternativa naranja. Cuando cambias lo que te dices a ti mismo, automáticamente cambia la emoción. Para aprender a tener un estilo cognitivo, es decir, una forma de pensar útil y serena, necesitas dos herramientas:

Aprender a hablarte en un idioma sereno. A esto lo vamos a llamar «entrenamiento en autoinstrucciones». Las autoinstrucciones son los mensajes que te dices a ti mismo y que guían tu conducta. Los estudios han demostrado largo y tendido que si utilizas palabras y expresiones tóxicas, negativas, catastróficas, de duda o tristes, tus emociones irán en la misma dirección. Todos tenemos un amplio vocabulario positivo, útil y sereno que podemos utilizar, pero a veces, la falta de uso hace que no esté accesible o sea espontáneo. Si no te sale de entrada, te animo a escribir a diario cinco palabras o cinco expresiones que te permitan vivir con serenidad. Luego repítete esas palabras o expresiones todo el día. Borra las palabras «miedo», «prisa» y «corriendo» de tu vocabulario. Alteran nuestro ritmo natural de vida.

Autoinstrucciones, palabras, pensamientos que me serenan:

Lunes:
- Fluye.
- Despacio.
- Calma.
- Prueba, nada que temer.
- Es mi momento.

Martes:
- Mantén la calma.
- Hazlo fácil.
- Enjoy.
- Sí puedo.
- ¡Vámonos!

Miércoles:
- Más calma, me gusta.
- Nena, tú eres serena y lo sabes.
- Des-pa-ci-to.
- Disfruta.
- Respira, solo respira.

Otra práctica que puedes hacer es anticiparte a las situaciones que te generen ansiedad o miedo. Antes de acudir a un examen, a una entrevista de trabajo, antes de conducir o de hablar con alguien a quien deseas marcarle los límites, pon por escrito cómo te gustaría que se desarrollara la situación. **Anticiparte permite controlar más que si lo dejas a la improvisación. Y si controlas lo que sí depende de ti, aumentas tu seguridad.**

Te muestro un ejemplo de anticipación. Si además de escribirlo lo visualizas, el efecto positivo todavía será mayor.

SITUACIÓN:

Hablar con mi madre sobre el no bautizo de mi hija, tema con el que sé que no está de acuerdo. Me mata cuando me hace chantaje emocional y empieza con sus amenazas.

Anticiparme sería visualizar que: Mantendré la calma, le voy a explicar con seguridad que no voy a bautizar a mi hija. Le diré, con serenidad, que no es una decisión negociable, que siento que le incomode, pero que es una decisión en firme que hemos tomado mi pareja y yo. Si me levanta la voz o me amenaza, le diré, con serenidad, que no quiero seguir hablando del tema, y si insiste, me iré de su casa diciéndole que mañana la llamaré. No argumentaré con ella, no me lleva a nada. Solo le transmitiré mi decisión y le pediré que la respete.

Pasar es el cuarto ejercicio. No se puede pasar de la ansiedad, pero sí de los agobios, de las preocupaciones y de los miedos que no dependen de nosotros. El futuro no es controlable y, aun así, le dedicas mucho tiempo mental. Les das veinte mil vueltas a ideas que nunca van a suceder, a ideas que tienen muy poca probabilidad de que ocurran o cuya solución para nada depende de ti. Este tipo de preocupaciones, que suponen un porcentaje altísimo durante el día, alrededor del 90 % de tu desgaste mental, te roban la energía sin necesidad. Porque por mucho que rumies, argumentes, busques la tranquilidad, esta nunca aparece. ¿Por qué? Porque la solución no está hoy por hoy y en este momento en tus manos. Preocupaciones de este tipo son la idea de sufrir enfermedades, tener accidentes, el futuro de nuestros hijos, nuestro futuro y estabilidad laboral, hacer el ridículo, lo que los demás pensarán de nosotros y un sinfín de miedos absurdos. Son absurdos no porque no sean reales —pues pueden llegar a serlo—, sino porque nosotros no podemos controlarlos en absoluto.

¿Qué hacer con ellos? Pasar. Darles carpetazo. Y este proceso pasa primero por **aceptar tu miedo**. Aceptar que puedes perder el trabajo, que puedes fracasar como madre, que puedes caer mal a la gente, que puedes decir algo imprudente y que a alguien le sienta mal, que puedes sufrir una enfermedad grave. Todo esto puede pasar. Así que cuanto antes lo aceptes, antes podrás empezar a fijar tu atención en lo único que importa: este momento. Cuando pasas de tus preocupaciones inútiles no te conviertes en alguien irresponsable. Todo lo contrario, consigues decidir a qué dedicar tu atención plena.

Para pasar de estos intrusos, de tus okupas, te aconsejo que busques una manera creativa de ponerlos en la distancia. Te dejo varios ejemplos que he ido recogiendo de autores que trabajan la Terapia de Aceptación y Compromiso, como son los maravillosos Russ Harris y Stephen Hayes.

Cuando aparezca el intruso: **no hables con él,** es decir, no te pongas a argumentar con tu mente; distánciate y centra tu atención en el ahora.

Para lograrlo:

Aléjate de tus pensamientos… (lo que viene entrecomillado es lo que debes decirles a tus preocupaciones inútiles para tomar distancia con ellas):

- ✓ Da las gracias a tu mente: «Gracias, mente, ya conozco esta preocupación».

- ✓ Deja de escuchar malas noticias como si tu cabeza fuera una radio: «Buenos días, y la primera mala noticia de hoy es: "No estás a la altura de tus compañeros". Fantástico, gracias, Radio Malas Noticias».

- ✓ «Anda, tengo un intruso que dice que mis opiniones no tienen valor. Genial, pues vale.»

- ✓ Solo observa cómo tu preocupación se monta en una nube y el viento se la lleva… hasta que desaparece.

Y una vez dicho lo entrecomillado, no hables más, no argumentes más, no le des más palique a esa preocupación. Tranquilo, darle vueltas a lo que no depende de ti, no te llevará a nada. Como ha ocurrido hasta ahora.

Y entrena, repite, no tires la toalla. Llevas toda la vida pensando de forma inútil, ¡no pretenderás que cambie tu estilo cognitivo con solo tener la intención! Si te interesa este tema de distanciarte y dejar de luchar contra turbulencias mentales que no puedes solucionar ahora, te aconsejo el capítulo «La terapia de los melocotones en almíbar» de mi anterior libro, **Cuenta contigo,** publicado por editorial Conecta.

No utilices esta técnica con todo aquello que te preocupe y puedas solucionar. En ese caso tienes que sentir la ansiedad, la prisa, la angustia, el estrés, porque te ayudarán a enfocarte en lo que sí depende de ti.

En **quinto lugar**, trabaja directamente sobre tu emoción: técnicas de relajación muscular, de respiración, de visualización o de meditación. Con este tipo de ejercicios podrás regular tu nivel de actividad nerviosa. Cada una de ellas es distinta, lo mismo que las sensaciones, pero todas te encaminan a la serenidad. Para entrenar estas técnicas tienes mucha información en variados canales de YouTube. En el mío encontrarás la técnica de la Relajación Muscular de Jacobson.

Nuestro **sexto recurso** para aprender a manejar la ansiedad es tener a mano una **lista de actividades** que, sobre la marcha, **TE RELAJEN**. Digo «sobre la marcha» porque cuando le pregunto a alguien que qué le relaja, suele contestarme que estar tomando el sol en Punta Cana. Pero esta actividad, para el día a día, nos pilla a desmano.

Me relaja sobre la marcha:
→ Meditar
→ Hacer ejercicio: nadar y correr
→ Pintar post-it.
→ Escuchar jazz.
→ Tomar un té.
→ Ordenar fotos en el móvil.
→ Salir a tomar un café a una terraza sola.
→ Escribir
→ Leer

@patri_psicologa

Se trata de escribir una serie de actividades a las que asocies con la serenidad, y que sean de corta duración. **Mira mi lista.**

Ahora elabora la tuya y llévala siempre encima como imagen en el móvil. Así, cuando la ansiedad te pille desprevenido, abre la imagen y practica la que sea posible en ese momento.

El **séptimo recurso** es el humor. Si tuviéramos la capacidad de reírnos más, trivializar, frivolizar sobre lo que no es una urgencia o un peligro reales, además de ser mucho más felices, reduciríamos notablemente la ansiedad. El humor te confiere control. Ya sé que hay personas que son poco dadas a reírse de ellas mismas y de la vida en general. Si decides convertirte en alguien gracioso, empieza por tener material divertido siempre a mano. Hoy en día, con la tecnología, es muy fácil ir guardando en una carpeta audios, vídeos o memes que te hagan partirte de risa. La risa es una respuesta incompatible con la ansiedad. Así que si ríes, no sientes ansia. Trata de tener momentos de risa durante el día. Momentos divertidos. Verás como en el acto cambia tu estado de ánimo. Cuando nos tomamos la vida muy en serio, nos avinagramos.

En **octava posición** tenemos el recurso del sentido común. El sentido común nos dice que para que nuestro organismo, cuerpo y mente funcionen en perfecto estado de revista, los mínimos tienen que estar cubiertos. ¿Cuáles son nuestros mínimos? Descanso reparador, comer de forma saludable, hacer ejercicio y no tener malos hábitos como puede ser el consumo de tabaco, alcohol o drogas.

El sueño tiene una función importantísima. Si no consigues dormir bien, mente y cuerpo se resienten. Durante las fases del sueño nuestro organismo repara todas las agresiones que sufre durante el día, ordena recuerdos, almacena, deshecha, regenera células, regula hormonas. Un sinfín de bondades que no funcionan de forma correcta si no descansas. No le robes horas al sueño, y si tienes problemas para conciliarlo, si eres de los que se despiertan con un suspiro, trabaja alguna técnica de relajación muscular. Suelen ser infalibles.

Comer de forma saludable es algo de lo que hemos hablado en el primer capítulo. Hay información rigurosa suficiente para saber qué es saludable y qué no. Déjate guiar por profesionales de la salud. Si me permites el consejo, a mí hay tres que me gustan especialmente y que puedes encontrar en las redes sociales y en sus libros. Comunican con criterio y experiencia y son fáciles de entender: Julio Basulto @JulioBasulto_DN, Juan Revenga @juan_revenga y José Miguel Mulet @jmmulet.

Hacer **ejercicio físico.** La investigación ha demostrado cientos de veces que el ejercicio diario, comedido, saludable, solo aporta beneficios para la salud, tanto el movimiento aeróbico como el que requiere fuerza. Todos tenemos tiempo para hacer deporte, lo que también tenemos a veces es pereza o falta de disciplina. Pero en este libro encontrarás todos los consejos necesarios para empezar a hacer ejercicio o cualquier otro cambio de hábitos.

Así, **grosso modo**, te pondré los ojos como bolillas diciéndote que el ejercicio no solo mejora nuestro organismo en general, respiración, corazón, hormonas, descanso, sino que, además, es un rejuvenecedor mental. Participa en la neurogénesis, que es la creación de nuevas neuronas a partir de células madre. Uno de los inconvenientes de envejecer es el deterioro general del organismo, pero uno de los más duros es el cognitivo. Practicar ejercicio permite tener un cerebro más activo, concentrado, atento y mejora la memoria. Podría seguir escribiendo sobre las ventajas de hacer deporte, pero casi será mejor que las descubras tú. Y recuerda que también influye en la educación en valores como la organización, la disciplina y la fuerza de voluntad, aúna lazos y permite relacionarte con otras personas y mejora tu autoestima. ¡Vamos, no esperes más! Deja el libro, cámbiate de ropa y mueve el esqueleto. Y por supuesto, como es de esperar en este capítulo, la práctica continuada y regular de ejercicio reduce la ansiedad.

Noveno consejo para vencer la ansiedad: **céntrate en las soluciones.** Problemas, tenemos todos. Pero el problema real es no dar con la solución. ¿Qué puedes hacer respecto de lo que te preocupa? Escribe lo que te inquieta y elabora un plan de acción. Busca soluciones, ideas, sé creativo, pide consejo y toma decisiones. Si no lo haces, estarás en la zona de bloqueo. Tomar decisiones tiene su riesgo, pero más riesgo corres no tomando ninguna. Para cada una de las soluciones que anotes, elabora su puesta en marcha. Qué tienes que hacer, cuándo, con quién, cuánto tiempo dura, qué esperas conseguir. Cuando lo recoges todo por escrito y lo descargas de tu mente, lo que te preocupa cobra otra dimensión. Se ve desde otra perspectiva, incluso menos problemático. Aprende a vivir con un poco de riesgo, forma parte de la vida.

Por último, **décimo recurso: deja de compararte.** Tu vida no es peor que la de los demás. Los otros no son más felices que tú. Tal vez es la imagen que tú recibes de ellos. Seguro que si tú preguntaras por ahí, te darías cuenta de que la imagen que tú proyectas hacia fuera no es ni tan insegura, ni tan nerviosa ni tan triste como imaginas. La procesión va por dentro. Y esa gente que tú ves por la calle o en las redes sociales, aparentemente felices, seguros y tranquilos, también tienen una vida con problemas que están tratando de gestionar. No tienes nada que ver con ello. Así que no sufras pensando que te ha caído la mala suerte o que tu vida es desdichada. A todos, en algún momento, nos toca vivir la parte injusta de la vida. Todos pasaremos por ahí, de modo que intentemos vivir nuestra propia vida sin compararla con la de los demás.

Y como punto final, piensa en tu **mochila de recursos**. ¿Qué tienes tú, cuáles son tus fortalezas, qué te ha permitido conseguir éxitos hasta ahora y vencer obstáculos? La respuesta de ansiedad se desencadena cuando, ante una amenaza, real o no, te percibes sin recursos. Yo te he ofrecido diez, pero tú puedes añadir todo lo que tu experiencia te dice o ha demostrado que te sirve.

3

No engullas, disfruta de la comida y elige lo que te conviene

Comer es un acto natural del que todos deberíamos poder disfrutar. Pero también puede convertirse en una batalla contra uno mismo. La comida es un placer y, a la vez, un vicio. Uno de los cambios que las personas tratan de hacer cuando se plantean sus objetivos de vida saludables es el de comer menos, perder peso, comer sano o hacerlo despacio y con serenidad.

Comer es una conducta y, por lo tanto, algo que podemos decidir cambiar para ser más felices. ¿Por qué nos cuesta tanto renunciar a un plato suculento y sabroso? Porque normalmente son alimentos que contienen carbohidratos, y estos disparan nuestros neurotransmisores relacionados con el estado de bienestar y felicidad. Estoy segurísima de que eres muy capaz de renunciar a comer dos kilos de manzanas, pero si te ponen unos aperitivos saladitos, unas galletas o bombones, la renuncia requerirá de ti muchísima fuerza de voluntad. La mayoría de las veces termina ganando el pensamiento: **«Venga, mujer, si vas a vivir dos días, con el estrés que llevas hoy como para no darte este pequeño placer».** Y así te vuelves a engañar y empieza el bucle.

Aprender a comer sano implica mucho más que tener fuerza de voluntad. Así que ni se te ocurra tratarte mal por no haberlo conseguido hasta ahora. No te ayudará en absoluto.

Tenemos que cuidar los siguientes puntos:

ORGANIZA LO QUE COMES

ORGANIZA TU NEVERA Y TU DESPENSA. Ordena y tira lo que esté caducado y lo que no vayas a consumir. Cuando ordenamos nos sentimos orgullosos de nuestra obra y nos apetece más empezar de cero.

ELABORA SEMANALMENTE UN MENÚ con independencia de que estés a dieta o no. Muchas personas se descontrolan con la comida, incluso las que no quieren perder peso. Anota en ese menú todo lo que deberás elaborar en casa. Si solo cenas, contendrá las cenas de la semana. Si también comes, tendrás que incluir las comidas. Es complicado comer de forma serena y saludable si cuando llegas cansado a casa has de pensar qué cocinar. La simple idea de ser creativo te lleva a dudar, cerrar la nevera de golpe y coger la bolsa de patatas fritas. Con ella no hay nada que pensar.

CUELGA ESE MENÚ en la puerta de la nevera para que esté visible.

HAZ LA COMPRA el viernes o el sábado con todos los ingredientes que vas a necesitar para comer lo que has decidido en ese menú.

NO COMPRES NADA DE ALIMENTOS PROHIBIDOS. Ojos que no ven, corazón que no siente. Y no te engañes, tus hijos tampoco necesitan bollería, aperitivos salados y grasientos, ni refrescos o zumos cargados de azúcar.

TEN UNA RUTINA CON LOS HORARIOS DE LAS COMIDAS. Trata de comer o cenar siempre en el mismo espacio de tiempo.

CÓMO LO COMES

No solo importa el qué, sino también el cómo. Comer de forma serena implica también una postura relajada y disponer de tiempo para comer.

TEN UNA VELA SIEMPRE EN LA MESA.	Será un símbolo de serenidad y paz. Enciéndela cada vez que te sientes a comer. Esa vela significará comer despacio. Una persona puede comer en veinte minutos disfrutando de lo que come y sin engullir. No necesitas una hora.
COME SENTADO.	Mucha gente come de pie por «quitarse del medio cuanto antes y ganar tiempo». ¿Sabes ya para qué estás ahorrando ese tiempo? Para ganar estrés y kilos, para nada más.
PON UNA MESA BONITA, AUNQUE SEA EN EL TRABAJO.	Cómprate una fiambrera en la que apetezca comer y llevar tus alimentos. Puedes utilizar un mantel individual o disponer una mesa familiar que invite a comer de forma relajada: pon unos platos y vasos bonitos. Ahora no tienes excusas; en cualquier tienda tipo Zara Home o Ikea tienes vajillas y vasos preciosos y baratos. Estos detalles marcan la diferencia.
SABOREA.	Aliña, añade especias, goza de los alimentos. No estás comiendo alfalfa, así que trata de que todo esté aderezado para disfrutarlo más.

ES SOLO UN IMPULSO, NADA MÁS

DALE DIEZ MINUTOS DE RELOJ A ESE IMPULSO QUE TE HACE DEBATIR ENTRE COMER LO QUE NO ESTÁ EN TU FILOSOFÍA DE VIDA O NO COMERLO.

No lo rechaces, no combatas, no lo niegues. Solo dale espacio. La mayoría de los impulsos se comportan como las olas: cogen mucha fuerza, llegan a su punto álgido, y luego, poco a poco, se desvanecen. Pero como solemos saciar los impulsos antes de que se apacigüen, no somos conscientes de que al ignorarlos, si no comemos, también desaparecen de forma natural.

¿ES HAMBRE, ABURRIMIENTO O ANSIEDAD?

Si después de diez minutos sigues con ganas de devorar, piensa primero antes de entrar en acción. Puede que no tengas hambre realmente y que sean tus emociones las que quieran sustituir tu estado de ánimo a través del azúcar. Si es así, analiza qué te pasa antes de picar.

Coge una libreta y anota ¿qué sientes? Ponle nombre a la emoción. ¿Qué te está haciendo sentir así? ¿Es algo que ahora puedas solucionar? Si es así, **por favor, hazlo**.

Imagina que has discutido con alguien del trabajo y te sientes frustrado o triste. Llama, manda un mensaje o un correo. Si lo que te altera no es algo que puedas solucionar ahora, ten a mano una lista de actividades que en este momento puedan modificar tus emociones sin tener que comer:

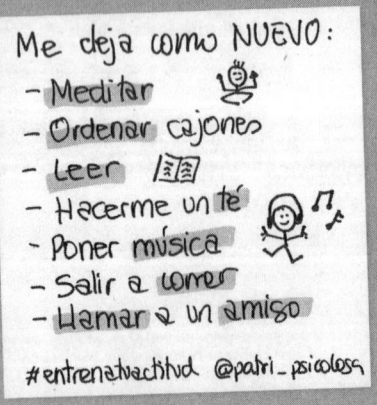

Lo ideal es tener esta lista escrita a priori, de tal manera que puedas echar mano de ella cuando la necesites.

APRENDE A CONVIVIR CON UN POCO DE HAMBRE.

No es peligroso. No tienes que saciar a cada hora de la mañana o de la tarde tu necesidad de comer.

LLEVA SIEMPRE UN TENTEMPIÉ SALUDABLE.

Es fácil llevar encima frutos secos o una pieza de fruta como una manzana, mandarinas o un plátano. Muchas veces picas lo que no deseas por no tener otra alternativa.

PSICOLÓGICAMENTE NECESITAS...

| NO CASTIGARTE SI POR ALGÚN MOTIVO COMES LO QUE NO DEBES. | Trátate con el respeto y la motivación con los que animarías a alguien que quieres. Porque tú te quieres, ¿verdad? |

| TENER PACIENCIA. | ¿Qué más da que hoy hayas «pecado»? Luego lo volverás a retomar. |

| ACEPTARTE AHORA MISMO TAL Y COMO ERES. | Aceptarte no significa que te guste cómo comes o cómo estás físicamente. Solo significa que dejas de luchar contra algo que hoy, ahora, no va a desaparecer. Es muy complicado cambiar algo que rechazas. |

| HABLAR CON POSITIVIDAD. | Este punto es fundamental. Nuestro estado anímico depende de cómo nos hablamos a nosotros mismos. Trata de centrarte siempre en qué deseas conseguir y no en lo que deseas evitar. Por ejemplo: «Cuando llegue a casa, me haré un pescadito al papillote y unas ensalada bien aliñada» en lugar de «ni se te ocurra llegar a casa y zamparte el chorizo que compró ayer Fulanito». Tu mente entiende mejor las normas que le das en términos positivos. |

ANÍMATE SIEMPRE.   Lo que hagas, está bien.

NO HAY PLAN B. Solo tienes un plan A, que es la nueva filosofía para comer. Algunos días puede que no salga perfecta, pero siempre volverás a tu única opción.

DATE UN RESPIRO. Elige un día a la semana o un momento en el que tendrás manga ancha. No dejes que la tentación te pille desprevenido. Si la eliges tú, tendrás la sensación de que estás controlando cuándo decides fallar. Así será más fácil volver a la senda. Por ejemplo, si sales de tapas con tus amigos el viernes, elige si tomarás postre, pan o una tapa menos saludable. Lo importante es que en el momento de elegir en la barra de un bar no te debatas entre lo que debes y lo que te place, porque entonces perderás. Sal de casa pensando más o menos en qué vas a transgredir. No lleves al límite la fuerza de voluntad, porque reventará.

4

CAMBIO DE HÁBITOS

No, la palabra que da libertad

Uno de los valores que nos permiten relacionarnos cordial y amablemente con los demás es ser servicial, pero ello no significa ser servil. Entre un concepto y otro hay una diferencia enorme que muchas personas desconocen porque el límite a veces es complicado de dilucidar. Y es que cuando dejamos de atender las necesidades y las peticiones de los demás, nos sentimos egoístas y malas personas. Por ello nos cuesta decir no cuando nos piden un favor. Porque hemos sido educados en que anteponer las necesidades de los demás a las nuestras es un acto de generosidad, de altruismo y de bondad. Y además, cuando te das a los demás, sueles sentirte bien. Ser generoso es una conducta que se refuerza inmediatamente por los demás y por tus propias sensaciones de bienestar.

Aprender a decir no permite decidir y elegir qué hacer con tu tiempo, con tus recursos y con tu energía. No se trata de priorizarte siempre tú o de no ceder ante según qué peticiones. Se trata de poder elegir **cuándo, cómo y dónde** hacerlo, de tal manera que estar disponible para los demás no se convierta en una obligación que te agobie.

¿Qué barreras tienes que vencer para conseguirlo?

✓ **Las tuyas propias,** que vienen de los juicios de valor que elaboras de ti mismo cuando dudas si decir que no a algo que no te apetece en absoluto.

✓ **Las ajenas.** Hay muchas personas a las que has acostumbrado a disponer siempre de ti; hay otras que no aceptan un no por respuesta porque se creen por encima de todo, y están los manipuladores y chantajistas emocionales, que utilizarán lo que sea con tal de salirse con la suya.

Las barreras están relacionadas con tus miedos

Si identificamos los miedos, podremos entrenar las soluciones. ¿A qué temes cuando no dices lo que sientes, cuando no pones límites, cuando no dices «no»? **Elabora tu lista**, seguro que no difiere mucho de lo que la mayoría de las personas temen.

CUANDO DIGO NO, ME ASUSTA...

✓ Perder a la gente que necesito en mi vida.

✓ Que piensen que no soy buena persona... porque yo siempre me esfuerzo para serlo.

✓ Que luego no me hagan favores a mí.

✓ Sentirme mal conmigo mismo por no hacer lo correcto.

CUÁNDO NO DEBERÍAS
DECIR QUE NO

HUMANIDAD.	Son muchos los momentos que vas a vivir en los que haya personas —queridas, desconocidas, ajenas, odiadas— que atraviesen momentos especialmente delicados y que anteponer sus necesidades supondrá un nivel de bienestar en sus vidas muy por encima del daño que pueda ocasionarte ceder, entregarte y ayudar. Personas enfermas, personas que han perdido su puesto de trabajo, un compañero de facultad que necesita tus apuntes porque no puede escribir o porque está en rehabilitación. Cuando tienes cerca a alguien con dolor físico o emocional, y tú estás bien, es decir, no hay nada que esté alterado en tu vida cotidiana, siempre podrás reducir tu nivel de bienestar con tal de mejorar, aunque sea un poquito, el de la persona que está menos favorecida.
MOMENTOS PUNTUALES, OCASIONALES.	Hay personas que tratan de tirar siempre de ti, y otras que no lo hacen nunca. Lo normal es inferir que cuando esas últimas te piden ayuda es porque la necesitan de verdad.
CUANDO TE LO PIDA EL CUERPO.	Hay momentos en los que sabes que estás sacrificando tu tiempo, momentos que sabes que nadie lo va a valorar pero, aun así, te apetece.
CUANDO RESPONDA AL REFRÁN «LO QUE SE SIEMBRA, SE RECOGE».	Cuando se trate de alguien que es generoso, bondadoso y servicial contigo. Recuerda: lo que se siembra, se recoge.

1. ES UN DERECHO BÁSICO GESTIONAR EL TIEMPO DE UNO COMO UNO DECIDA.

Así que eres libre de hacerle un favor a alguien o de ponerte, por ejemplo, a leer.

Escribe a continuación varios derechos básicos en cuanto a las relaciones sociales y que creas que pueden ir en contra de lo que socialmente se espera de uno. Mira mi ejemplo:

Tengo derecho a:

✓ Decidir qué hacer con mi tiempo, incluso si lo utilizo para descansar o aburrirme.

✓ Decir que no sin sentirme culpable.

✓ No estar siempre disponible.

✓ No ayudar en cada una de las ocasiones en las que me lo piden.

✓ No coger el teléfono o no contestar un WhatsApp de forma inmediata.

✓ Tomarme tiempo para tomar decisiones que me afectan a pesar de la prisa que les corren a otros.

✓ Cambiar de opinión si me veo presionado o agobiado con un favor que me han pedido.

✓ Dirigir mi vida sin tener que justificarme.

✓ Tomar mis decisiones incluso cuando los demás no las comparten o no las aprueban.

2. ACEPTA LA IDEA DE QUE PUEDAS SER JUZGADO.

Si no la aceptas, difícilmente podrás negarte ante una petición. **No puedes controlar lo que otros piensen de ti, pero sí conseguir que no te afecte.** Aceptar significa ignorar la posible crítica o que otros piensen que eres egoísta. Aceptar es dejar de luchar, no que creas que eres un egoísta. Solo que si esa es una posibilidad, la dejas pasar, sin más. Aceptar no significa justificarte, razonar contigo buscando un argumento que te deje en paz como «siempre hago cosas por él», «es que él es más egoísta que yo pidiéndome algo así, debería entender que estoy agotado». No hace falta que le des tantas vueltas. Basta con que aceptes que, aun siendo injusto o abusivo lo que te piden, incluso así, puedan pensar que eres egoísta. Se puede vivir siendo egoísta a los ojos de los demás.

3. SÉ SINCERO Y HONESTO.

No pongas excusas que la otra persona pueda rebatir. Ponemos excusas queriendo evitar el daño, queriendo que nos entiendan, buscando una causa de fuerza mayor. Imagina que alguien te pide que le acompañes a una fiesta y no te apetece nada en este momento. Si le dices algo como «hoy me encuentro fatal, de verdad que no tengo cuerpo para salir», puede que te respondan, «no te preocupes, pues mañana salimos, que estarás descansado, y así nos montamos una buena juerga». ¿Qué ocurrirá? Que mañana ya no tendrás excusas. Es mejor ser sincero de entrada: «Lo siento, no me apetece salir de fiesta y trasnochar. Pero si en algún momento te apetece ir al cine, cuenta conmigo».

4. SI ES POSIBLE, OFRECE UNA ALTERNATIVA.

Imagina que una amiga o tu hermana te pide que la acompañes a buscar un vestido para una celebración y tú estás agotada a pesar de que el plan te apetece. Puedes decir algo como «hoy estoy agotada, pero me encantaría acompañarte en otro momento. Si te viene bien el sábado por la mañana, podemos ir juntas».

5. DISCO RAYADO.

Hay personas insistentes, incluso penetrantes. Repiten, insisten, manipulan, te agotan y provocan que te sientas mal para que cedas. Suelen ser muy astutas y tienen muchos argumentos. **Si entras en su juego, pierdes.** La mejor manera de cansarlos tú a ellos es utilizar la técnica del disco rayado. Consiste en repetir una y otra vez, con cada uno de sus argumentos, la misma frase. Imagina que un compañero insiste para que te quedes a terminar un contrato con él en la oficina; un contrato que realmente no es tuyo, pero para el que necesita tu colaboración, y tú tienes tus planes. Puedes decirle algo como «no puedo ocuparme de este tema hoy, lo siento, tengo planes». Aunque te pregunte cien veces cuáles son tus planes, y te insista que los dejes para mañana pues le harías un favor tremendo, **no cedas, no te justifiques, no expliques tus motivos**. Como además seas una persona soltera, sin hijos, los compañeros suelen pensar que tu tiempo es tiempo de trabajo. De verdad parece que la conciliación esté redactada solo para las madres y los padres. Todos tenemos derecho a conciliar y disfrutar de nuestras aficiones. Cuando utilices el disco rayado no muestres desesperación, no eleves la voz. Mantente firme, seguro y con un tono conversacional. Como si no te estuvieran alterando o incomodando.

6. TEN CLAROS TUS INNEGOCIABLES.

Es importante la labor de introspección. Supone conocerte y saber a qué no deseas renunciar, qué no estás dispuesto a realizar. Por ejemplo, a mí me gusta dormir en casa, con mi familia. Cuando voy a dar una charla fuera, siempre que puedo trato de volver la misma noche. Me invitan a muchas cenas de empresa y mi agencia de conferenciantes sabe que para mí, las noches son un aspecto innegociable. Ni me gusta dormir fuera —salvo que el tipo de viaje y la distancia me obliguen a ello—, ni me gustan las cenas de trabajo. Comidas, las que hagan falta; cenas, a ser posible, ninguna. Cuando tienes claros tus innegociables, enseguida coges el hábito de decir que no a lo que para ti es muy importante. **Haz tu lista.**

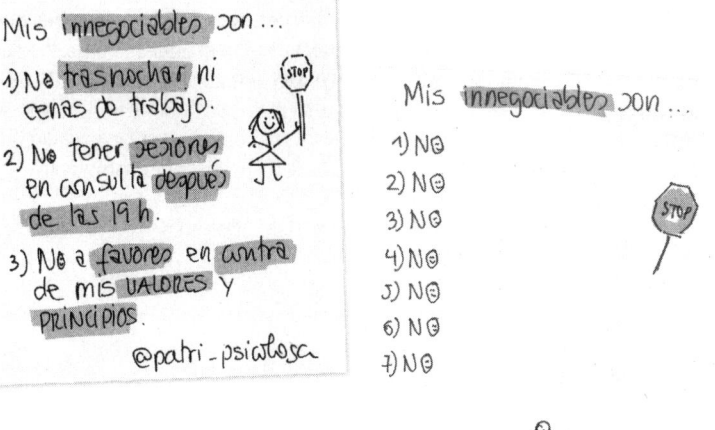

Mis innegociables son ...
1) No trasnochar ni cenas de trabajo.
2) No tener sesiones en consulta después de las 19 h.
3) No a favores en contra de mis VALORES y PRINCIPIOS.

@patri_psicóloga

Mis innegociables son ...
1) NO
2) NO
3) NO
4) NO
5) NO
6) NO
7) NO

7. SI TIENES DUDAS, PIDE UN TIEMPO.

A veces las peticiones nos cogen por sorpresa. Puede que te pidan algo inusual, que no sepas si tendrás tiempo o si serás capaz de realizarlo. Cuando tengas dudas sobre si acceder o no, **pide tiempo.** No estás obligado a contestar de forma inmediata.

8. NO TE ENFADES SI LA GENTE TE INSISTE.

<u>**El mismo derecho que tienes tú a decir que no lo tiene la otra persona para buscar su sí.**</u> Solo se trata de ser más perseverante. Hay personas que pasan un mal rato y se indignan con la falta de empatía del que pide. Pero es una pérdida de tiempo porque el otro no va a cambiar. **<u>Acepta que cada uno es como es.</u>**

9. DECLINA SIEMPRE CON AMABILIDAD Y RESPETO.

Aunque el favor que te pidan te parezca impropio, no juzgues, no pongas cara de «pero tú estás loco o qué», ni grites. **Simplemente di «no».** Hay personas a las que les sienta fatal que les pidan el coche, no lo soportan. Pero hay otras personas a las que esto les da igual. Todo depende del valor que les damos a las cosas. Si te piden algo que te parece incómodo o raro, la negociación es la misma que si te piden algo que tú encuentras normal. «Lo siento, no presto el coche», como dirías «lo siento, no puedo cuidar hoy de mis nietos porque tengo clase de zumba».

10. ACEPTA LAS CONSECUENCIAS.

Hay personas rencorosas que no te perdonarán que les des un no, que sacarán la calculadora para anotar qué reciben y qué dejan de recibir de ti. Y si no les salen las cuentas, tomarán sus represalias. Pero tal vez este es el tipo de personas que debes perder en tu vida. Porque aquellos que no son capaces de respetar tu tiempo, tus prioridades o tu momento sin hacer reproches, sin hacerte sentir mal y sin tomar represalias, son personas que restan y contaminan tu paz interior. No permiten que seas libre, porque sus necesidades siempre son mayores que las tuyas, por lo tanto, tus decisiones siempre se supeditan a las suyas. Esto no es libertad, es esclavitud emocional.

En cuanto al entrenamiento, dado que decir «no» con soltura y seguridad no forma parte ahora de tu repertorio de conductas, lo normal es que muchas veces se te olvide, lo digas forzado o dudes. Para ayudarte al cambio de hábito tenemos que transformar cada situación fallida en una futura alternativa correcta. Esto ayudará a tu mente a pensar y a idear otras opciones.

La ficha que te muestro a continuación te ayudará en tu entrenamiento. Cada vez que digas «sí» cuando querías decir «no», anota una alternativa para la próxima vez. La mayoría de las veces tu cerebro no responde como a ti te gustaría por la falta de práctica, porque no tiene fluidez ni espontaneidad con ese tipo de respuestas asertivas.

Mi respuesta fallida fue...

-Ah, vale, Rebeca, bueno... sí, ahora lo vemos.

Mi respuesta correcta la próxima vez será...

-Lo siento, Rebeca, hoy no puedo quedarme, tengo un compromiso. Mañana sí podré quedarme un ratito a aclararte esas dudas.

El cerebro sabe lo que quiere, pero no siempre le sale de forma natural. La manera de adquirir naturalidad es anotando en un papel las respuestas alternativas. Tarde o temprano terminarás por dar estas respuestas como primera opción, sin tener que pensártelo dos veces.

El sano egoísmo de dedicarte tiempo ☺

Tienes derecho a dedicarte tiempo. Sin justificaciones. Pero no el que te sobre, sino el que tú decidas que necesitas. ¿Por qué es importante? Porque una vida serena requiere vivir en equilibrio, y el equilibrio necesita horas para el trabajo, el descanso, la pareja, los hijos, los amigos, la familia y horas para ti. Para lo que tú decidas hacer. Conozco numerosas madres abnegadas, dedicadas en cuerpo y alma a sus hijos, y muchas de ellas se sienten un poco vacías, sin motivaciones, sin temas de conversación de adultos, sin tiempo para ellas. El desequilibrio nos lleva a estar tristes e irascibles. Un día te levantas y te das cuenta de que tu vida no es esa con la que soñaste hace años. Tu vida es rutina, niños, trabajo, casa. **¿Y dónde estás tú? Tú eres lo más valioso que tienes. Y si no te cuidas, tampoco podrás cuidar de otros con alegría.**

El tiempo es como el AMOR... hay suficiente para todos. Buscar TIEMPO para ti no es quitárselo a los demás.

@patri_psicologa

Cuando te dedicas tiempo, te respetas y te valoras. Para ello es importante saber qué te hace sentir bien, qué tipo de actividades te dan vitalidad, paz, bienestar o cualquier otra emoción gratificante. Para hacer hueco necesitas saber a qué. Trata de completar la siguiente lista. Si no se te ocurren ideas, fíjate en la mía. Es la mía de verdad 😊, aunque podría haber añadido diez cosas más... es lo que tiene ser una «disfrutona».

Mis pequeños placeres diarios:

No todos los días me da tiempo a todo, pero sí que trato de realizar a diario algunas de estas actividades que dan sentido a mi vida al margen de mi rol de madre, psicóloga, pareja, amiga, etc.

Ahora que tienes tu lista, calcula el tiempo que requiere cada actividad e intenta encajarlo en tu agenda. Si no lo agendas, lo ignorarás. No pienses que tus cosas son para cuando te sobra tiempo. Si tienes esta filosofía siempre estarás a la cola de tus placeres.

Tenemos la lista, hemos calculado el tiempo, hemos agendado las actividades... **¿y aun así no estás preparado? ¿Por qué?** Por la culpa, por la falsa creencia de que tu entorno siempre es más importante que tú y porque crees que ese tiempo se lo robas a alguien.

Debemos trabajar esta creencia irracional. Las creencias son una serie de ideas que tenemos casi grabadas en nuestro código genético. Hablan sobre nuestros valores, lo que nos parece bien, mal, lo que no soportamos, los famosos «debería». Las creencias irracionales suelen ser absolutistas y de ellas se derivan muchos juicios de valor que nos terminan haciendo daño: «debería ser una madre entregada y eso significa que les dedique todo el tiempo a mis hijos»; «debería entregar un informe perfecto, porque si no, no soy una buena profesional», «tendría que tener una talla 38, porque de lo contrario significa que no tengo fuerza de voluntad y que me he dejado como mujer... y que ya no soy sexi». Y así, decenas de ellas. ¿Sabes cuáles son las tuyas? Si te paras a escribirlas, verás que son ideas malvadas, que te someten y te enjuician. Es hora de cuestionártelas. Provienen de una educación rígida y de cómo hemos ido configurando nuestra escala de valores. Además de cuestionártelas, también puedes tratar de suavizarlas, «sería genial poder entregar el informe lo mejor posible, en ello estoy, intentándolo». **Cambia mucho de tener que ser perfecto a que sería genial que lo fuera.**

Para modificar tus creencias irracionales, esas que te limitan y te impiden disfrutar de tus pequeños placeres, puedes:

1. Razonar y buscar un nuevo valor en tu vida que justifique por qué te vas a dedicar tiempo.

Inténtalo, pero creo que perderás tanto tiempo convenciéndote de ello, que quizá tardarás demasiado en incorporar estas actividades que tanto te apetecen. La terapia racional emotiva te llevaría a establecer una serie de diálogos y discusiones con tal de encontrar la mejor razón que te permita ver el mundo desde otra perspectiva. Sí, en algunos casos, funciona. Pero a mí me gusta más la siguiente opción. Es más rápida, más sencilla y es, simplemente, lo que te mereces.

2. Asumir que eres merecedor de ese tiempo, sin más.

Sin justificarte, sin darle más vueltas, sin razonar, sin tratar de buscar el porqué. Solo porque lo mereces. Puede parecer algo frívolo, pero te aseguro que en cuanto te repitas varias veces que mereces dedicarte tiempo, lo practiques y te haga sentir bien, se convertirá en un eje transversal en tu vida y no querrás dejarlo. Un clavo saca a otro calvo. También una idea saca a otra idea. Y si está muy arraigada en ti, repítete el nuevo concepto una y otra vez.

¡Verbaliza alto y claro!

Merezco tiempo,
merezco calidad de vida,
merezco cosas buenas para
mí, merezco cuidarme,
no como premio, como
persona. Soy una persona
MARAVILLOSA.

Trata de escribir tus creencias irracionales y juega a sustituirlas, modificarlas o suavizarlas. Y si puedes, a eliminarlas.

Por ejemplo:

En lugar de «debería ser una buena madre y cocinar todas las noches una cena saludable», puedes repetirte algo así como «**sería genial tener tiempo para cocinar todos los días sano, pero si algún día no puedo, tampoco pasa nada**».

En lugar de «debería dedicar mi tiempo a esa amiga que me necesita y renunciar con ello a las horas que practico deporte, porque si no, no soy una buena amiga», puedes decirte «**siempre que puedo ayudo a mi amiga cuando me llama, pero para mí es importante compaginarlo con mi ejercicio. En cuanto termine hoy el entrenamiento la llamaré a ver cómo se siente y si necesita algo**».

¿Cuáles son las ventajas de dedicarte tiempo? La conducta se mantiene por las contingencias, por lo que nos aporta y por lo que ganamos con ella. ¿Qué ganas tú cuando te dedicas tiempo y te cuidas? **Anota tus beneficios, porque serán el motor para seguir buscando tiempo para ti.**

Cuando me dedico tiempo, gano...

1. Respeto hacia mí misma.
2. Bienestar.
3. Enseño a mis hijos un modelo de conducta en el que la persona es importante.
4. Autoestima. Al cuidarme me siento bien, fuerte, controlo mi peso.
5. Organización del tiempo.
6. Calidad de vida.
7. Serenidad.
8. Una vida que merezca la pena vivirse.
9. Equilibrio entre mis obligaciones y mis placeres.
10. Estar de buen humor.

Cuando me dedico tiempo, gano...

1.
2.
3.
4.
5.
6.
7.
8.
9.
10.

Al final del día reflexiona durante tres minutos qué han aportado a tu vida los momentos que te dedicas. Estoy segura de que te han cambiado el ánimo, y esto ha repercutido en tu vida de pareja, en tus hijos y en ti mismo.

Y olvida las etiquetas, no eres un egoísta por dedicarte tiempo. **Eres una persona que se respeta.**

Personas amables y de trato fácil

¿Cómo son de encantadoras las personas amables y fáciles? Esta pregunta no tiene otra respuesta posible: mucho. Las personas amables y fáciles, entendiendo por «fáciles» las que te hacen la vida sencilla, son un regalo de la vida para cualquiera. En este mundo de tiburones y trepas, en el que reina una crisis de valores, cuando te encuentras con alguien sin dobleces, positivo, amable, educado, sin maldad, es una maravilla.

En este apartado del libro tenemos la misión de convertirnos en uno de ellos. Conociendo las ventajas de ser una persona de trato fácil, ¿por qué no nos comportamos así de forma automática? Tendría que venir impreso en nuestro código genético, algo fijado, inalterable. Porque incluso los enfados pueden expresarse con amabilidad. El ritmo de vida, la prisa, la competitividad, la envidia, los problemas personales, una vida marchita, el sobrepeso, la baja autoestima, no tener pareja o tener una pareja que no amas... habría infinidad de motivos para justificar el malhumor, el carácter agrio y avinagrado, la ira o una respuesta maleducada. Pero ninguno de ellos es suficiente. Porque las personas de trato fácil, las personas educadas y amables, también conviven con estos problemas, pero los vencen.

Hurguemos un poquito en la llaga. Hasta ahora, ¿de qué te ha servido gritar, contestar mal, la agresividad o ser seco en el trato? Escribe, por favor, los beneficios. Te prometo un post-it personalizado si encuentras más de 7... por decir un número.

Voy a poner los que imagino que se te pueden ocurrir, pero solo llego a cuatro. Mira a ver si eres capaz de completar los otros tres.

Cuando me comporto de forma seca, grito o falto el respeto...

1. Pongo límites.

2. Me protejo.

3. Me hacen más caso.

4. Me respetan más.

5.

6.

7.

Si has conseguido acabar la lista, te lo voy a poner ahora más complicado.
¿Alguna vez has buscado herramientas que te permitan poner límites, que te protejan, que hagan que te tengan respeto o que te hagan caso desde una posición de serenidad, credibilidad y siendo amable? Quizá sí, pero imagino que si no lo has conseguido se debe a dos motivos:

1. No era la herramienta adecuada.

2. No la entrenaste lo suficiente.

Además de heredar un código genético, recibimos una forma de actuar y comportarnos. Esta herencia viene de aquello en lo que hemos sido educados. La buena noticia es que, dado que no es algo que esté grabado en los genes, **lo podemos modificar si tienes esta receta:**

Para convertirte en una PERSONA de TRATO FÁCIL necesitas:

1) Una MOTIVACIÓN. ¿?
2) Aprender HERRAMIENTAS útiles.
3) Avisar de tu CAMBIO.
4) Pedir FEEDBACK.
5) Paciencia y REPETICIÓN.

¡¡Bravo!!

@patri_psicologa

La motivación es fácil de encontrar, pero, aun así, sería genial que te tomaras un tiempo para pensar por ti mismo. Las motivaciones tienen que ver con cómo mejorará tu vida cuando lo consigas. **¿Cuáles son las tuyas?**

Mi vida mejorará siendo amable...

1. Me será más fácil hacer amigos.

2. Sentiré el aprecio por parte de los demás y eso hará que me sienta querido.

3. La gente me identificará como alguien agradable, divertido, entrañable, alguien con quien vale la pena pasar el rato.

4. Mejorará mi calidad de vida en general al optimizar mis relaciones personales.

5. Tendré una mejor autoestima.

6. Mis relaciones en el trabajo también mejorarán.

7. Dejaré de ser el amargado, el rarito, el ácido, el «malfollao» (o la «malfollá»).

8. Tendré más vida social, la gente querrá contar más conmigo.

Mi vida mejorará siendo amable...

1.

2.

3.

4.

5.

6.

7.

8.

RETRATO ROBOT DE UNA PERSONA DE TRATO FÁCIL

Y si ahora has decidido que ser una persona amable y de trato fácil es una misión importante en tu vida, vamos a ver cómo lograrlo. Como su nombre indica, la persona de trato fácil no es alguien que te complique el trato. Es sencillo relacionarse con ella, no tienes que andar adivinando su estado emocional o cómo se ha levantado hoy para intuir qué tipo de comentarios necesita de ti. Es alguien con quien puedes relacionarte desde la tranquilidad, que no genera tensión, que te permite ser tú mismo. Alguien con quien no hay que estar en guardia por miedo a meter la pata, a decir algo que la enfade o incomode.

1. NO JUZGA, SOLO ESCUCHA.

Nos gusta relacionarnos con las personas que se interesan por nosotros y nos escuchan. Sin más interés que el interés por el otro. No se trata de que le cambies su vida, solo de que estés atento a lo que te cuenta. Una persona que escucha es una persona que se interesa por ti. Si ve oportuno darte un consejo, seguramente antes te preguntará si estás interesado en escucharlo.

2. NO ACTÚA CON MALA IDEA.

Es benevolente, buena gente, quiere su bien, pero también el tuyo. Si puede, ayuda.

3. SE ALEGRA DE TUS ÉXITOS Y LOS CELEBRA CONTIGO.

Las personas de trato fácil **no se retuercen por dentro cuando te va bien** la vida, cuando encuentras una pareja adorable o si tienes éxito en tu profesión. Si se murieran de envidia, se les notaría y entonces sería complicado abrirte y compartir tu orgullo y felicidad por el curso que está tomando tu vida.

4. HABLA DE LOS PROBLEMAS EN TÉRMINOS POSITIVOS.

No convierte sus problemas en el monotema y te agobia constantemente con lo mismo. **Elige las batallas**, sin permitir que lo que no es importante le quite el sueño.

5. ES EDUCADA.

Da las gracias, pide permiso para subir una foto tuya a las redes, se acuerda de tus cosas importantes, te trata con respeto.

6. ES CONSIDERADA Y EMPÁTICA.

Entiende tus límites, respeta tus noes, comprende tu cansancio. Sabe ponerse en tu lugar, sin exigencias. Resulta fácil decirle que no puedes hacer algo. Sabes que no te pasará factura, que no te guardará rencor. Lo comprende y lo acepta.

7. ESPERA COSAS BUENAS DE LOS DEMÁS.

Y, por ende, las encuentra. Porque su atención está en la sonrisa, en los detalles que suman, en lo positivo que aporta el otro. Acepta que las relaciones no son perfectas. No se pasa todo el día criticando lo que no le gusta. Sencillamente **se queda con lo bueno**. Lo negativo es pasajero.

8. ES FLEXIBLE.

Hay personas a las que cuando les cambias los planes parece que les modifiques la vida entera. La persona inflexible suele ser muy exigente y se enfada cuando lo planificado no se lleva a cabo como ella desea. La vida tiene circunstancias y variables que a veces nos obligan a cambiar de planes, a aplazarlos o perderlos. Es genial poder ser franco y transparente con alguien que va a comprender la circunstancia. Si habías quedado para tomar un café, pero te surge un asunto importante de repente, es maravilloso poder ser claro con el otro y decirle que lo tomaréis otro día. Hay personas a las que esto les supone una ofensa, una desconsideración y sacan conclusiones como que ellas no son una prioridad para ti.

9. PIDE,

sugiere, no manipula ni hace chantaje emocional. Ni tampoco te pone a prueba a ver si adivinas sus necesidades. Adivinar lo que el otro necesita, por mucho que conozcas a la persona, no es una facultad humana. En todo caso, divina.

10. TIENE SENTIDO DEL HUMOR.

Es alegre, divertida, activa, optimista. Pasar un rato con ella puede ser más energizante que el subidón de una buena noticia.

11. NO MALINTERPRETA.

No es susceptible con los comentarios que realizas, no le saca punta a todo. La vida de una persona de trato fácil no es una amenaza. No se siente atacada, ninguneada, menospreciada. Por norma, no tiene gente en contra. **No pierde el tiempo preocupándose por lo que otras personas piensan de ella.**

12. ES AGRADECIDA.

Con su vida, con su gente, con su entorno, **con ella misma**.

13. ES COMPASIVA.

Perdona, no machaca, ni a los demás ni a sí misma. Trata de perdonar, entender y **olvidar lo negativo**.

14. SE RESPONSABILIZA DE SU PROPIA FELICIDAD

en lugar de culpar a los demás de cómo se siente. Es una persona «**cuenta conmigo**».

15. VIVE SUS PASIONES

y observa el futuro como un lugar en el que hay proyectos y oportunidades. **Disfruta del camino más que del destino.** Piensa, sinceramente, que la vida merece la pena vivirse y actúa con coherencia y responsabilidad para conseguirlo.

16. ES DISCRETA.

No habla de otros, no habla de ti, **no critica.** Se ocupa de su vida sin juzgar la de los demás. No te hace sentir incómodo en una conversación, no creará un momento tenso con temas inoportunos.

Ahora, piensa en las características de una persona amable y de trato fácil y elige con cuál de ellas vas a empezar a entrenarte. Seguro que ya tienes más de la mitad. Puedes empezar por la que sea más fácil para ti, más motivadora, la que tengas más ocasiones de practicar, la que tú quieras.

Anótala en la agenda o en el móvil para que no se te olvide el entrenamiento. El próximo día que nos encontremos por la calle sabré que eres de esas personas con las que es fácil relacionarse.

7

Autocontrol y fuerza de voluntad, la medida del éxito

El autocontrol se entrena del mismo modo como lo hacemos con nuestro físico. Supone elegir entre el deseo inmediato, fruto de lo que apetece o de lo que impulsivamente nos pide el cuerpo, o saber esperar para tener un premio mayor a largo plazo. Debatirnos entre el corto y el largo plazo es un esfuerzo que debemos ejercitar. Es una de las tareas más complicadas. Supone hacer renuncias y entrar en un debate interno. El autocontrol está presente en todas las facetas de nuestra vida, desde aquello que elegimos para comer, hasta el ejercicio que hacemos, dejar de posponer lo que nos cuesta un esfuerzo o romper una relación tóxica en la que nos hemos acomodado.

El autocontrol
conlleva elegir lo que
CONVIENE por
encima de lo que
APETECE.

Entrenar el autocontrol supone tener paciencia, poner límites, horarios, restricciones o hacerte esperar. Para entrenar el autocontrol es importante aprender a convivir con la frustración. El autocontrol supone disciplina, repetición, trabajo y fuerza de voluntad. La mayoría de las veces lo perdemos porque ponemos excusas.

Cuando pierdes el control o antepones el placer inmediato, sueles sufrir una serie de consecuencias que te hacen sentir mal. Terminas por abandonar la tarea, te enfureces, abandonas hábitos de vida saludables, todo te da pereza, te vuelves impaciente y te sientes culpable. ¿Se te ocurre alguna más? ¿Qué consecuencias tiene para ti?

Escríbelas a continuación:

Empecemos por pensar para qué necesitamos autocontrol. ¿Qué objetivos de nuestra vida estamos dejando de cumplir por no tener la voluntad o la capacidad de anteponer el beneficio a largo plazo?

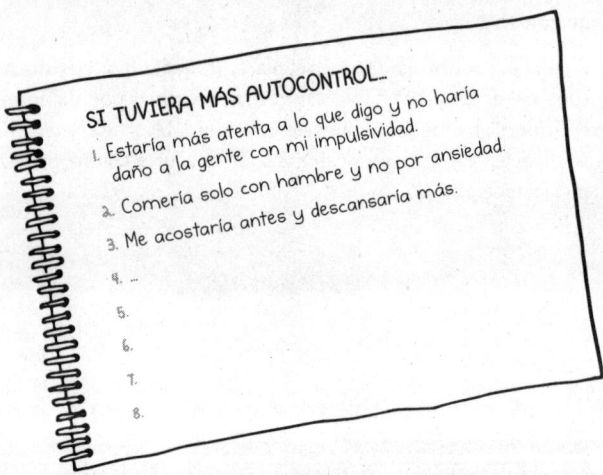

SI TUVIERA MÁS AUTOCONTROL...

1. Estaría más atenta a lo que digo y no haría daño a la gente con mi impulsividad.

2. Comería solo con hambre y no por ansiedad.

3. Me acostaría antes y descansaría más.

4. ...

5.

6.

7.

8.

Además de los beneficios que supondría en tu vida tener más autocontrol, también es importante conocer qué te hace perderlo. Existe una serie de estresores que alteran nuestro estado de bienestar y serenidad. La tensión, la tristeza o convivir con problemas para los que no tienes recursos, aumentan la probabilidad de perder la paciencia y el autocontrol. ¿Tienes identificados tus estresores?

MIS ESTRESORES:

- ✓ No terminar el trabajo a tiempo.
- ✓ No tener tiempo para ir al gimnasio.
- ✓ No organizarme con la comida y terminar comiendo mal.
- ✓ Que los niños se activen por la noche cuando estoy tratando de que se duerman.
- ✓ Que me apriete la ropa cuando me visto por la mañana...

MIS ESTRESORES:

Ahora que hemos identificado los estresores, las consecuencias de no tener autocontrol y los beneficios de tenerlo, vamos con los consejos para el entrenamiento:

1. Descansa y duerme.

Glucosa, descanso y capacidad de autocontrol están estrechamente relacionados.

2. Aliméntate de forma sana.

Cuando los neurotransmisores están a medio gas, tendemos a ser más impulsivos y violentos. Esta conducta se debe en gran parte al desequilibrio de la dopamina y la serotonina. Dieta mediterránea, magnesio, abundante agua, casi nada o nada de alcohol, omega 3, té verde y frutos secos.

3. Meditar.

Además de darte serenidad, meditar es un estado emocional que facilita la paciencia y el autocontrol. También permite entrenar la capacidad de estar en el ahora. Muchos de los momentos en los que pierdes tu autocontrol están relacionados con la incapacidad para permanecer concentrado. Tu deseo, tu impulso te llevan a estar fantaseando con el objeto de deseo, en lugar de seguir centrado en tu trabajo —Quiero comer, quiero mandar a ese al garete, quiero un cigarrillo—. **La meditación hará que sepas aceptar el deseo y que dejes de luchar contra tu impulso.** Aceptas que te apetece, pero dejas la batalla de lado. Meditar aumenta nuestro control sobre la situación a través de la aceptación, no del debate interno.

4. Hacer ejercicio.

La práctica del ejercicio tiene tres ventajas. Primero, nos ayuda a ser más disciplinados y organizados. Segundo, ayuda a mantener sanas las funciones cognitivas. Tercero, cambia el estado de ánimo modificando tus neurotransmisores. Lo más efectivo son los programas que combinan el ejercicio de fuerza con el ejercicio aeróbico. Aumentan la organización, la planificación y la atención. Estar atento es una habilidad que facilita la reflexión. La conducta impulsiva tiene que ver con no valorar qué haces o dices en cada momento, así como la falta de planificación de las consecuencias.

5. Formula de manera clara con qué quieres tener control.

Cuanto más claro y específico esté formulado el objetivo, más fácil será llevarlo a la práctica.

6. Ten claras las consecuencias de la ausencia de control.

La mayoría de las veces nos descontrolamos por no pararnos a pensar qué ocurrirá si lo evitamos, o por minimizar el riesgo. Pero ¿qué es lo peor que podría pasar? Existen diferentes tipos de consecuencias:

- **Las propias de no controlarte:** tu salud, coger peso, molestar a quien no desea ser molestado con un mensaje o con una llamada, etc.
- **Las emocionales**, fruto de sentirte mal por no ser capaz de controlarte.
- **Las que afectan a terceros:** ¿haré daño a la relación?, ¿qué imagen doy cuando me comporto de esta manera?
- **Las legales.** Cuando cruzas los límites, corres el riesgo de enfrentarte a multas económicas y a denuncias. ¿De verdad te vas a complicar la vida de esta manera?

7. Busca tu motivación intrínseca.

¿Cuánto vale esto para mí? ¿Qué sentido tiene? ¿Por qué y para qué lo hago? Cuando tratamos de motivarnos con premios externos, como darnos un capricho, la motivación se pierde. Es más fácil controlar el impulso cuando hay algo que de verdad tira de nosotros porque nos apasiona.

8. Anticípate.

Ten un plan. En este libro nos pasamos todo el rato elaborando planes. Ya verás qué fácil te resultará cuando cojas práctica.

9. Controla tú el estímulo en lugar de dejar que te controle él a ti.

Puedes utilizar un anclaje, es decir, una expresión que en ese momento te centre y te recuerde tu objetivo: **«Yo estoy por encima de ti, mi salud es más importante que tú, no tienes poder sobre mí».** Y repite tu anclaje cada vez que te asalten las dudas.

10. Entrena la atención.

Si eres consciente de lo que está pasando en este momento, tal vez también serás capaz de frenarlo.

- **Escribe un diario de tus éxitos.** Escribir permite tomar mayor conciencia de lo que ocurre, lo que piensas y lo que sientes. Escribiendo descubres cosas de ti a las que de otra manera no accedes. Escribe cada día tus avances y tus correcciones.

- **Medita.**

- **Dibuja mandalas.** Si no sabes lo que son, busca «mandalas» en google y verás cientos de ejemplos y dibujos.

- **Pasea.**

11. Retrasa, simplemente retrasa,

aunque no lo necesites; o actúa, simplemente actúa. Sin pensar. Si empiezas el debate interno entre lo que te apetece y lo que debes hacer, seguro que pierdes la batalla. **Solo actúa.**

12. Ten paciencia.

Borra las palabras «prisa» y «correr» de tu vocabulario. Las palabras con las que nos hablamos a nosotros mismos condicionan nuestro estado emocional y nuestros comportamientos. Si tu cerebro está escuchando todo el día «me tomo un café corriendo y te llamo», «niños, deprisa, siempre llegamos tarde al cole», «vamos, apúrate, si es que no aprovechas el tiempo», terminará por interpretar que tu vida es una urgencia continua y activará tu sistema nervioso para que esté preparado para lo que parece una urgencia inminente.

13. Ten rutinas: te facilitan la vida y permiten que no tengas que pensar a cada momento, pues eso nos bloquea.

Pensar es debatir, ¿me lo como, no me lo como? Identifica tus rutinas negativas, las que te llevan a descontrolarte, y trata de escribir unas nuevas rutinas que te lleven a tu **objetivo**. Ten estrategias que te alejen del objeto de deseo. Quita del campo de visión todo lo que te atrapa, no pases por los sitios que te llevan a quedarte a tomar una copa más, no dejes que te pongan el pan en el plato si no lo quieres comer, etc. Piensa en cuáles son tus inductores, es decir, qué realizas previamente, lo que asocias con la pérdida de control.

14. Cambia tu etiqueta.

A partir de ahora eres una persona paciente, con voluntad, controlada y serena. **Repite esto varias veces al día.** Tendemos a comportarnos según la visión que tenemos de nosotros mismos. Si sigues empeñándote en verbalizar y contarle a todo el mundo que careces de fuerza de voluntad y control, seguro que no los tendrás. Prueba a decirte lo contrario.

15. Prepárate con la técnica del condicional.

Muchas veces perdemos el control o nos decantamos por lo que no nos conviene porque no hemos anticipado una alternativa de conducta. Se trata de rellenar la frase con una estrategia planificada antes de que estés en un momento de debilidad: **«Si..., entonces**

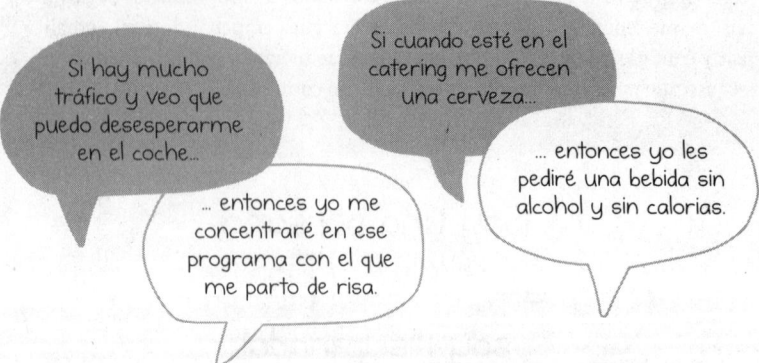

Si hay mucho tráfico y veo que puedo desesperarme en el coche...

Si cuando esté en el catering me ofrecen una cerveza...

... entonces yo les pediré una bebida sin alcohol y sin calorías.

... entonces yo me concentraré en ese programa con el que me parto de risa.

16. Entrénate cada día, aunque sea en temas que habitualmente controlas.

¿Con qué te puedes autocontrolar? Recuerda apuntar esto en tu diario de **«control»**.

DIARIO DE MI CAPACIDAD DE CONTROL:

- Tomando café con unas amigas me pusieron la típica galleta riquísima con el café y, a pesar de pensármelo diez veces, la dejé sin abrir.

- Salí a correr, al tercer kilómetro estaba agotada y sin ganas de seguir, pero decidí pasear, descansar un poco y retomar la marcha de correr al rato. En otra ocasión me hubiera ido a casa.

- Me llamaron de una compañía telefónica y, a pesar de que me agotan estas llamadas, fui muy educada y con un tono agradable les dije que no estaba interesada.

17. Espera la gratificación.

Se trata de **visualizar el futuro**: ¿qué pasará si soy capaz de retrasar el placer inmediato para esperar el premio a largo plazo? ¿Cómo mejorará esto mi vida?

18. Ten un plan que forme parte de una filosofía de vida.

Así es más difícil fallar. Lavarte los dientes es una actividad que realizas unas tres veces todos los días de tu vida. Si un día llegas agotadísimo o has bebido o, por lo que sea, se te olvida, al día siguiente no se te ocurre decir: «De perdidos al río, ya empezaré el lunes con lo de lavarme los dientes, total, después de habérmelo saltado, qué más da». No piensas de este modo porque lavarte los dientes forma parte de tu filosofía de vida, no es un objetivo en sí. Pues lo mismo con lo que trates de controlar.

19. Gestiona el fracaso adecuadamente.

Cuando cometes un error tiendes a machacarte y tratarte mal, lo cual alimenta la culpa. La ira, el enfado o la frustración son malos aliados a la hora de trabajar el autocontrol. **Un error requiere analizar lo sucedido y establecer estrategias que permitan que la próxima vez salga mejor.** Pero no tienes por qué tratarte mal, sentirte culpable o machacarte por lo ocurrido. Ni te devolverá el éxito y ni te aportará soluciones. Si lo piensas bien, no es lo que harías con un amigo. ¿Por qué? Porque lo hundirías. Igual que te hundirías tú.

20. Surfea la emoción. No eres un muelle.

No tienes que responder a tus emociones de forma inmediata, ni al hambre, ni al aburrimiento, ni a las ganas de coger a alguien del cuello. Tampoco tienes que escuchar a la pereza. Muchas emociones se comportan como una ola: en un determinado momento parecen muy intensas, como si no las pudiéramos soportar, pero si somos capaces de esperar solo diez minutos, veremos como ese deseo, impulso o emoción se desvanecen y pierden fuerza. Quizá no desaparecen, pero sí se apaciguan. No solemos observar cómo evolucionan, porque en el momento en el que se manifiestan, tratamos de acallarlas y tenerlas bajo control.

21. Regula tus expectativas.

No intentes tener un gran objetivo que genere frustración. **Póntelo fácil,** al pie, como decimos en el fútbol.

22. Pacta tus concesiones.

No puedes recurrir al autocontrol siempre. Es imposible, nos convertiría en máquinas. La disciplina hay que intercalarla con momentos de descanso y concesiones: días que no se entrena, momentos en los que se toma más azúcar, darle un empujón a un saco de boxeo y dos berridos al aire libre. Y una tarde, ser capaz de estar tirado en el sillón sin sentirse culpable por ello. Cuando eliges tus concesiones y las pactas contigo, no tienes la sensación de salirte del camino. Es algo que has decidido y pactado. Si esa misma concesión te cogiera por sorpresa, por ejemplo un dulce, y tuvieras que debatirte entre «lo como o no lo como», tu nivel de malestar sería mayor. Interpretarías que no has sido capaz y que no tienes fuerza de voluntad. Pero ojo con el autocontrol. Se trata de vivir una vida plena, con satisfacciones. No puedes renunciar a todo.

Y recuerda la canción «DES-PA-CI-TO...». «Estreses», los justos. Incluso para el autocontrol.

8

CAMBIO DE HÁBITOS

Tu cuerpo necesita movimiento

Tener una vida más activa es el propósito estrella de todos los uno de enero, los quince de septiembre, y cada vez que te ves pasado de peso, poco ágil, sales de la consulta del médico, te haces una analítica o te encuentras con un antiguo compañero del colegio que aparenta ser más joven que tú. Son muchos los motivos por los que la gente decide empezar a hacer deporte. En el siguiente post-it te ofrezco unos ejemplos de los beneficios que el ejercicio nos aporta para que empieces a realizarlo y lo conviertas en una prioridad en tu vida. Trata tú también de buscar tus motivos, tus beneficios, lo que pudiera tirar de ti. ¿Qué sentido tendría en tu vida empezar a mover el esqueleto? Es importante que pienses en los beneficios que tendrá para ti, no en los argumentos con los que tu vecino runner intenta convencerte. **Tus motivos son los que conseguirán movilizarte.**

Motivos por los que empezaría a hacer deporte:

¿Cuáles son las tres excusas con que me encuentro habitualmente cuando alguien desea hacer ejercicio pero no lo consigue? Veamos el pódium:

La **medalla de bronce** es para: «¡No encuentro el deporte que me enganche!».

A lo que yo contesto: «¿Cuántos has probado?». La mayoría responde que ninguno, pocos o que lo han intentado alguna vez y enseguida se han cansado. No siempre existe un amor a primera vista, sobre todo con aquello que requiere de constancia y continuidad. Yo tardé seis meses en enamorarme del running y cuatro en darle a la pelota de golf. Ahora, no obstante, somos inseparables.

El deporte tiene que ajustarse a tus gustos: en equipo, individual, al aire libre, en un gimnasio. Todo depende de tu forma de ser. A mí me gusta que el ejercicio sea algo que yo pueda organizar, que pueda decidir incluso sobre la marcha. Por eso no me engancha el pádel, porque dependo de otras tres personas, de alquilar una pista, e implica mucha rigidez. Yo necesito saber que si me queda una hora libre entre pacientes, me puedo calzar las zapatillas y salir disparada. Pero para gustos, los colores. Otras personas necesitan el apoyo del grupo, salir a correr con alguien, escuchar música. Vete probando, pero no desistas.

La plata es para: «¡No tengo fuerza de voluntad!».

Te voy a dar una buena noticia: todos tenemos fuerza de voluntad, pero algunos algo menos entrenada. Así que mientras empieces con el ejercicio, pon a prueba tu fuerza de voluntad. Cuanto más te guste lo que haces, menos necesitarás tirar de ella. La fuerza de voluntad depende siempre de un plan B: seguir en el sofá acurrucado. Elimina el plan B. Imagina que en este momento en el que has planificado hacer ejercicio, no tienes otra alternativa. Empieza a vestirte, ignora la voz que te lleva a la comodidad y encamínate a la casilla de salida. ¿Y ahora qué? Ya estás vestido de deporte, con tus zapatillas y todo; ¿te vas a echar atrás ahora?

Te cuento mi secreto. Cada domingo voy a la piscina. Suelo nadar 2.000 metros durante unos cincuenta minutos. Cuando me despierto el domingo, a las ocho de la mañana, sinceramente, tengo cero ganas de hacerlo. Pero me levanto, me pongo el bañador, meto la toalla en la mochila, desayuno con mi marido y cuando él se va a entrenar, cojo las llaves del coche, me meto dentro y voy al gimnasio. En ningún momento durante este tiempo he pensado: «¡Patri, de puta madre, a nadar, qué guay!». No, simplemente, no he pensado nada. Y si se me ha colado la pereza en la cabeza, he seguido desayunando, ignorándola, como si no existiera. Así, cuando a las diez y media salgo de nadar, me siento poderosa, feliz y orgullosa.

Y el **oro indiscutible**: «¡NO TENGO TIEMPO!».

Error. Está demostrado que la gente que realiza ejercicio de forma regular no tiene más tiempo que tú, lo que tiene es una mejor organización, así que busca cómo hacer un hueco en tu agenda tal y como te explico a continuación. ¡Vamos!

Es importante encontrar tu excusa, así podrás buscarle solución. **Te propongo que la escribas en el siguiente bocadillo y que anotes debajo una tormenta de ideas con todas las soluciones que se te ocurran para ella.** Una vez que las tengas, elige la solución más fácil, la que más te motive, la que te parezca posible, y elimina tu excusa.

MI EXCUSA ES:

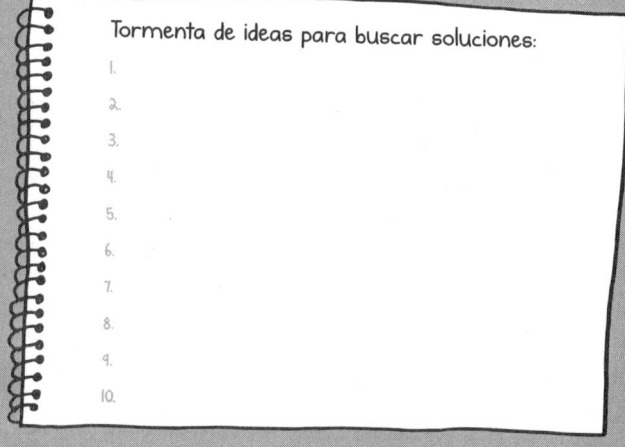

Tormenta de ideas para buscar soluciones:

1.
2.
3.
4.
5.
6.
7.
8.
9.
10.

Y si no se te ocurre ninguna solución, recuerda que puedes escribirme al correo **patricia@patriciaramirezloeffler.com**, a ver si puedo encontrar yo alguna.

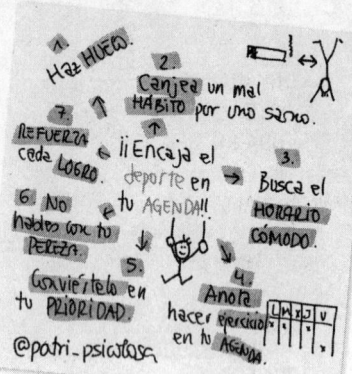

Ahora que tenemos el motivo, las soluciones a la excusa, solo nos falta asimilar unos consejos para **encajar el deporte en tu agenda**.

ANTES DE METER, SACA.

Es decir, necesitas hacer hueco para tu nueva actividad. Pon en una lista todos esos momentos que te roban tiempo, te hacen perderlo o sientes que podrías utilizar mejor. Por ejemplo:

1. Perder media hora al día consultando las redes sociales.

2. Ver tres horas de televisión cada noche.

3. La hora y media que tienes para comer en la empresa y de la que solo necesitas veinte minutos.

4. Hablar mucho tiempo con amigas por teléfono.

5. Dedicar excesivo tiempo al orden en casa.

CANJEA UN MAL HÁBITO POR OTRO.

Es más fácil sustituir que añadir algo nuevo.

BUSCA EL HORARIO CÓMODO PARA TI Y EN EL QUE AHORRES TIEMPO.

Un ejemplo es aprovechar la hora y media de la comida en la empresa para buscar un gimnasio cercano; o, si tenéis duchas, llevarte las zapatillas a la empresa.

ANOTA «HACER DEPORTE» EN TU AGENDA EN EL HORARIO EN EL QUE VAS A REALIZARLO, Y RESÁLTALO CON FOSFORITO.

¿Por qué? Porque como ahora no pertenece a tus hábitos, lo más normal es que se te olvide si no tienes un recordatorio visual.

CONVIÉRTELO EN UNA PRIORIDAD.

Ahora está en una agenda y en fosforito, lo que significa que has decidido dedicarle ese tiempo. El deporte no es algo que vayas a realizar cuando te vaya bien, sino una actividad más de tu rutina saludable. No comes, no te duchas ni te lavas los dientes cuando te sobra el tiempo, sino que buscas el tiempo para que estos hábitos estén en tu vida.

NO DIALOGUES CON LA VOZ DE LA COMODIDAD.

Hay una voz interior, amiga de la pereza, que tiene un montón de argumentos para convencerte de que no hagas nada. Así que lo mejor que puedes hacer es dejar de hablar con ella. Si tratas de convencerla, lo más probable es que te gane ella a ti. Es muy persuasiva. Deja que hable sola y no entres al trapo. Tú a lo tuyo.

REFUERZA CADA LOGRO, INCLUSO CUANDO NO CONSIGAS CUMPLIR TU OBJETIVO AL CIEN POR CIEN.

Este punto es fundamental. Nuestro estado anímico depende de cómo nos hablamos a nosotros mismos. Trata de centrarte siempre en qué deseas conseguir y no en lo que deseas evitar. Por ejemplo: «Cuando llegue a casa, me haré un pescadito al papillote y unas ensalada bien aliñada» en lugar de «ni se te ocurra llegar a casa y zamparte el chorizo que compró ayer Fulanito». Tu mente entiende mejor las normas que le das en términos positivos.

Cocinando amor con la mejor receta

No hay una única receta para que el amor esté sano toda la vida. Pero sí es cierto que hay muchas maneras de conseguir que no se marchite. Para mí existen cinco abonos que habría que utilizar a la vez: entendimiento, pasión, admiración, respeto y complicidad. Necesitas los cinco para vivir un amor que valga la pena, ya que no podemos convivir sin ninguno de ellos. Está claro que no estarán todos presentes las 24 horas del día. En algún momento puede no haber entendimiento, y no pasa nada; en otra ocasión quizá no sientas esa complicidad, y tampoco es el fin del mundo. Eso sí, trata de no perder el respeto nunca. Lo importante es que en tu definición de pareja estén estos básicos. Son básicos porque no pasan de moda. Debes tenerlos perennes en tu fondo de armario.

A partir de aquí, cada uno puede añadir los otros abonos que desee en su pareja. Unos entenderán que la fidelidad es un valor indiscutible en su relación y otros valorarán más la transparencia. Todo es posible con el respeto y el consentimiento mutuos. Por eso ya no hay un modelo de pareja perfecto; hay parejas abiertas y hay otras que se acompañan hasta para ir al baño. Lo que la pareja elija, si lo eligen los dos, está bien. Y los que observamos desde fuera, padres, madres, hermanos, amigos, debemos respetar los códigos de cada una, sin juzgar.

¿Has pensado con qué quieres regar tu relación?
Haz tu dibujo y decide cuáles son tus abonos:

Bien, ya tenemos los nutrientes. Y ahora, ¿cómo echar el abono, cada cuánto tiempo, en qué momento del día, de noche, por la mañana, hasta cuándo? Las plantas son muy delicadas. Si las riegas de más, se ahogan, si las riegas de menos, se secan y mueren. Este temita es complicado, lo sé. Porque además hay plantas como los cactus que tienen menos necesidades y que requieren menos atención que una rosa, que precisa ser contemplada, admirada, regada y abonada con más frecuencia. ¿Y cómo sabemos nosotros si nuestra pareja es un cactus o una rosa? ¡Ay, amigo, vaya dilema!

Una manera sencilla y cómoda de resolver el enigma es preguntar. Es además el primer paso para el valor del entendimiento. No somos adivinos. No somos iguales. No necesitamos lo mismo. Un factor del éxito para que tu pareja funcione es ser claro y honesto con tus necesidades. Es una equivocación relacionar el «me quiere» con «debería saber lo que necesito en cada momento». Así que se sale del lío siendo franco, honesto y claro. Qué fácil es entenderse cuando se habla el mismo idioma.

Hay parejas que presumen de comunicarse muy bien, «es que nosotros hablamos mucho», pero, si uno habla en japonés y el otro en suajili, es imposible entenderse. **El entendimiento es el paso más importante de la comunicación.**

PARA FAVORECER EL ENTENDIMIENTO:

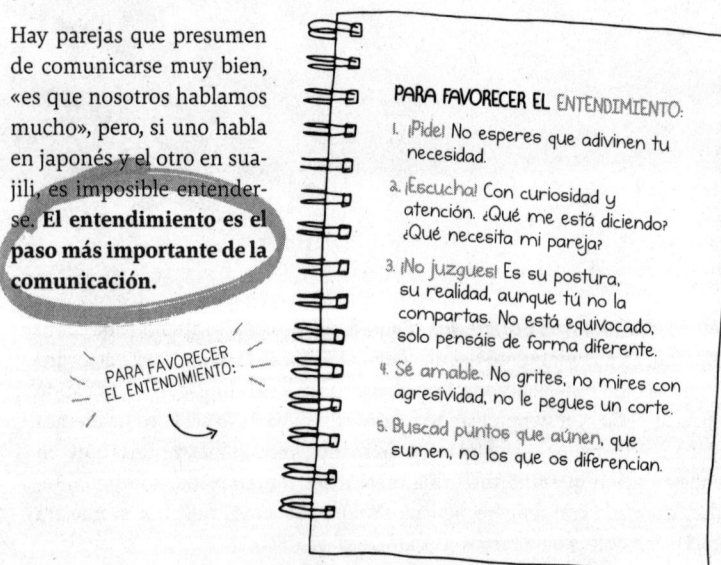

PARA FAVORECER EL ENTENDIMIENTO:

1. ¡Pide! No esperes que adivinen tu necesidad.

2. ¡Escucha! Con curiosidad y atención. ¿Qué me está diciendo? ¿Qué necesita mi pareja?

3. ¡No juzgues! Es su postura, su realidad, aunque tú no la compartas. No está equivocado, solo pensáis de forma diferente.

4. Sé amable. No grites, no mires con agresividad, no le pegues un corte.

5. Buscad puntos que aúnen, que sumen, no los que os diferencian.

¿Y QUÉ ME DICES DE LA PASIÓN?

Hay una parte de la canción *Ya no* de Manuel Carrasco que dice «**ya no, tu descaro en la cama con el pasillo en llamas, derramando la vida, borrachos de risa y deseo, ya no...**». No dejes de sentir eso por tu pareja, porque entonces es mejor no tenerla. No quieras un compañero de piso, no quieras solo un amigo. Quiere a alguien que con el tiempo te siga despertando el deseo, alguien a quien te apetezca comer a besos, a quien desees apretar, achuchar, con el que jugar, a pesar de tener hijos y una rutina juntos. Es mejor tener un amor que un colega. Muchas personas me dicen en la consulta que la pasión con el tiempo se muere y que quedan otras cosas maravillosas. Sí, es cierto, pero no es incompatible con seguir teniendo pasión. **Para ello hay que cuidarla y dedicarle tiempo.**

LA PASIÓN SE ALIMENTA DE:

1. Cuidarse

Cuando te vistes para estar en casa como si estuvieras enferma, dejado, cuando dejas de hacer ejercicio, cuando te da igual engordar diez kilos, entonces has dejado de respetar a tu pareja y al deseo.

3. Los detalles

Cuidar los detalles, el ambiente, el momento. No es lo mismo meterse en la cama e ir a por "lo que toca", que acariciar, susurrar, conquistar, poner un poco de música, una vela. Los detalles en la vida son importantes.

2. Higiene

Parece básico, ¿verdad? Pues para muchos no lo es. Hay parejas que llegan sudadas, que sin lavarse los dientes tratan de besar a su pareja y, sinceramente, no apetece. Cuando os conocisteis cuidabais vuestro aspecto.

4. Sorprende

¿En qué momento dejaste de mandar mensajes subiditos de tono a tu pareja? Al principio son muchísimos, te ruborizas, y estás deseando llegar para besar a la persona. Y llega un momento, por rutina, en que se dejan de mandar esos mensajes subiditos o los mensajes de cariño y amor profundo. Como si ya no se necesitaran.

5. Dulzura y cariño

Tratar al otro con amabilidad es la mejor forma de poner los cimientos para un buen sexo. Nadie quiere acostarse con quien se pasa todo el día a voz en grito o con reproches.

Cuando admiras a tu pareja, te sientes orgulloso de compartir la vida con él o ella. La admiración es fundamental. Se puede admirar su inteligencia, su físico, su sentido del humor, su capacidad para organizarse, su optimismo, su serenidad; se pueden admirar muchas cosas. Cuando dejas de hacerlo, también le pierdes el respeto. Se convierte para ti en alguien igual a todos y con ello deja de ser especial, única. **¿Qué te sigue atrayendo de tu pareja?** ¿Lo sabes? Seguro que tienes clarísimo qué es lo que no soportas del otro, pero ¿tienes claro qué te fascina, qué te enamora y lo que valoras? Y lo más importante, ¿cada cuánto tiempo se lo dices?, ¿a diario, una vez al año, nunca?

Hagamos el ejercicio, y luego, en cuanto tengas un momento, díselo, sin tener un motivo para ello.

ADMIRO...

Su bondad, es una persona buenísima.

Su sentido del humor, hace que me ría todos los días.

Su protección, siempre cuida de todos nosotros.

Su cuerpo, me encanta verlo desnudo, es un espectáculo.

Cambia el foco de atención y busca durante el día todo lo que te parece admirable, deseable, valorable. Lo que te gusta de tu pareja te dará seguridad, mientras que sus debilidades te alejan. Nadie quiere compartir su vida con alguien a quien ha dejado de admirar. Los defectos nos debilitan.

Un cuarto ingrediente es el **RESPETO**, en el más amplio sentido de la palabra. Respeto a la forma como uno se comunica, respeto al tiempo y las necesidades del otro, respeto a su forma de ser. Es decir, sentir un profundo respeto hacia la pareja. Esto implica dejar de lado la agresividad, los malos modos, el control a la persona y a su tiempo, a la gente con la que decide salir, los reproches. Dado que el respeto debe ser mutuo, se entiende que la pareja se comportará conforme a los códigos que hayan elegido tener, consensuado por los dos. El respeto va de la mano de la confianza; cuando confías en tu pareja, respetas sus decisiones, sus actividades, su tiempo a solas o con otras personas que no sean tú. No la cuestionas, no la interrogas, no la controlas, no le dices «adónde vas así vestida», no le miras el móvil, no espías, no dudas. Si tienes confianza plena, será fácil que respetes todo esto.

No tengas miedo a perder a la persona si dejas de controlarla. Porque si de verdad existe esa necesidad de atar en corto a tu pareja, es mejor dejarla e ir a buscar a alguien con quien puedas sentirte tranquilo y confiado. Retener a alguien por no perderlo hará que, tarde o temprano, lo pierdas. Encuentra a alguien con una escala de valores similar a la tuya y no tendrás que perder el tiempo controlando nada. Todo fluirá sin forzar.

Y cuida todo aquello que te lleva a la complicidad. Una pareja cómplice se entiende con la mirada, se ríe de lo mismo, se comunica con benevolencia, sin recriminaciones. Una pareja cómplice se entiende. Las parejas cómplices son parejas que se tienen como mejores amigos. Hablan sin tabúes y se recrean contándose cosas. Las parejas cómplices son un equipo. Les gusta pasar tiempo juntos. Para ellos es divertido y enriquecedor. Al margen de su vida como padres y madres, trabajadores y amigos, tienen una vida muy rica como pareja. Es más, desean tener tiempo a solas, hacer sus escapadas y aislarse de todos. Porque ellos solos se bastan.

En tu pareja, **¿qué ayuda a tener complicidad?** Aquí te dejo algunas de las cositas que puedes hacer para mejorar la complicidad:

PARA FAVORECER LA COMPLICIDAD:

1. Busca actividades lúdicas. La seriedad marchita, y las obligaciones, también. Una escapada juntos, una cena romántica, jugar a algo, hacer deporte...

2. Cuenta tus cosas como si se las contaras a tu amigo. Pide opinión, agradece el consejo, busca tiempo para poder hablar, cuenta lo que te ocurre con interés y emociones.

3. Genera humor. Comparte lo que te llega al móvil, sobre todo si es divertido. Mensajes, memes, noticias, di cosas divertidas, haz un poco el payaso. Ríete con tu familia y con tu pareja.

4. Preocúpate por las necesidades del otro. Pregúntale qué necesita, ofrece tu ayuda, sé empático y solidario.

5. No pienses mal del otro y no hagas cosas para fastidiar. Esto te lleva a estar a la defensiva y te distancia.

6. Ten sexo divertido. Disfruta con tu pareja, relájate, sé tú mismo, dejaos llevar.

¿Qué te hace sentir más cómplice?

¿Qué es divertido?

¿Qué te engancha o te hace sentir que la relación es maravillosa?

¿Con qué te partes de risa?

Si ahora no lo recuerdas... piensa en el pasado. Haz tu lista y proponle a tu pareja empezar a entrenar.

Todas las parejas son distintas, pero tienen algo en común: existen para disfrutarse. En el momento en el que empiezas a plantearte si le quieres o no, si te vale la pena o no, si disfrutas o no, es el momento de introducir algún cambio, y si no tiene solución, despídete con elegancia. Pero mantener algo que no se desea, no se disfruta y te hace sufrir, no tiene sentido alguno.

CAMBIO DE HÁBITOS

Un pensamiento, un deseo. Las palabras dejan huella

En el hábito de aprender a **gestionar la ansiedad** te hablé de la importancia que tienen los pensamientos en nuestra vida. Las ideas, las palabras, el lenguaje, nuestra forma de comunicarnos interna y externamente, son poderosos. Lo son tanto, que diferentes estudios han demostrado que existe una ciencia detrás del lenguaje positivo. Te animo a conocer más profundamente este tema en el libro *La ciencia del lenguaje positivo*, de Luis Castellanos. Su definición sobre lenguaje positivo es maravillosa: «Es un conjunto de habilidades y competencias lingüísticas que nos permiten ver, entender y comunicar los aspectos favorables de los acontecimientos y nos impulsan para que podamos hacer que la historia de nuestra vida y la de la humanidad sea una buena historia».

Lo que nos decimos a nosotros mismos, tanto en el nivel consciente —entendiendo por «consciencia» nuestra elección del discurso—, como en un nivel no consciente —entendiendo por «no consciente» aquello que leemos o la información por la que nos dejamos guiar—, condiciona nuestra forma de sentir y actuar.

Elegir lo que te dices a ti mismo y lo que les dices a los demás es muchísimo más importante que elegir el conjunto de ropa por la mañana, incluso tu nuevo modelo de coche. Venga de la corriente psicológica que venga, la manera como nos hablamos, el valor que damos a nuestros pensamientos, la atención que le prestamos, nuestra forma de interpretar, nos afecta. Así que vamos a dedicar este décimo hábito a entrenar ejercicios que nos enseñen a manejar el pensamiento y la palabra para tenerlos a nuestro favor.

Si tu discurso interno y externo es capaz de **generar y modificar emociones**, y las emociones se contagian entre sí, qué mayor gestión de nuestro estado de ánimo que la propia palabra. Existen varios estudios que demuestran este poder.

Uno es el famoso estudio longitudinal de las monjas de clausura (The Nun Study) que se llevó a cabo por la psicóloga Deborah Danner de la Universidad de Kentucky y sus colegas. Las monjas de clausura componen un grupo de personas muy valioso para un estudio, ya que su estilo de vida y entorno permiten tener pocas diferencias que torpedeen el estudio. La conclusión a la que se llegó, al margen del motivo original del estudio —que era una investigación sobre el Alzheimer—, fue que la longevidad dependía en muchos casos de cuántos términos positivos habían utilizado cuando escribieron su carta solicitando la admisión al convento. Las monjas que se habían expresado con más términos positivos, es decir, con más optimismo y positividad, habían sido más longevas.

Otro estudio que a mí me impacta sobremanera por su sencillez y por sus conclusiones es el del psicólogo John Bargh de 1996. Pidió a un grupo de jóvenes entre 18 y 20 años que construyeran frases con palabras sueltas. A algunos de los jóvenes, las palabras que les daban estaban relacionadas con la vejez: arruga, olvido, canas, calvo. Cuando se les pedía posteriormente una segunda tarea para la que tenían que trasladarse por un largo pasillo, se dieron cuenta de que los jóvenes que habían trabajado con las palabras relacionadas con la vejez, caminaron mucho más lento. Sus emociones y su marcha estaban condicionadas por las palabras con las que habían estado trabajando. Así que, de una forma no consciente, el vocabulario los había condicionado. **¿Os imagináis cómo nos impacta entonces cuando somos nosotros los que elegimos las palabras, cuando nos hablamos con desprecio, cuando nos criticamos, cuando nos limitamos?**

Si te he convencido del poder del discurso, la pregunta más importante que tienes que realizarte es «¿puedo cambiar la manera que tengo de comunicarme conmigo, de comunicarme con los demás?». Y la respuesta es sí. Sin lugar a dudas. Al margen de todos los años de tu vida que lleves hablándote en términos catastrofistas, negativos o dubitativos, tienes capacidad de aprendizaje continua gracias a la plasticidad cerebral. Así que lo único que necesitas es, primero, la intención y la convicción de que este cambio te va a beneficiar. Y segundo, el entrenamiento. Nada cambia con el simple deseo. Para que tu cerebro genere un hábito nuevo, necesita mucho entrenamiento, y no será fácil al principio. Tendrás más momentos de comunicación negativa que positiva. Pero si sigues entrenando los ejercicios que te describo a continuación, estoy segura de que lo conseguirás.

Veamos una serie de ejercicios prácticos que te ayudarán a entrenar tu mensaje:

ELIMINA ETIQUETAS

Se trata de proteger nuestra autoestima. Para ello tienes que tomar conciencia de cuáles son las etiquetas que comúnmente utilizas para descalificarte y criticarte. La mayoría de las personas las tienen muy claras: inútil, incapaz, gorda, impuntual, inoportuno, tonta... **Escribe cada una de ellas en un papel de notas, de esos de colores cuadrados tipo post-it pero sin pegamento.** Cada etiqueta en un papel distinto. Cuando las tengas todas, métela, por favor, en una caja de cartón (pequeña, como mucho del tamaño de una caja de zapatos) que vas a precintar para no abrirla nunca más. En el caso en el que, más adelante, una vez precintada la caja, se te ocurra algún descalificativo nuevo, abre una ranura tipo hucha e introduce la nueva lindeza que te hayas dicho.

Una vez que tengas todo dentro, cuando te pilles utilizando las palabras negativas, di para ti «**esta palabra ya no existe en mi vocabulario, no puedo utilizarla**». Y trata de darle salida buscando la solución a la crítica o reformulando el comentario para que no sea dañino. Por ejemplo, si te has llamado «impuntual» por llegar tarde a una cita, puedes reformular «"impuntual" no existe para mí, solo he llegado tarde. Ahora pediré disculpas. Mañana tengo que organizarme mejor con el tiempo de desplazamiento».

EL ABECEDARIO

Al igual que tenemos poder para eliminar etiquetas, también lo tenemos para crearlas y sentirnos mejor. Coge cada día una letra del abecedario (puedes empezar por orden: a, b, c...) y busca una etiqueta positiva con la que te sientas identificado. La A de amable, atento, alegre. Escríbela en todos los sitios en los que se te ocurra a lo largo del día: en el móvil, en un post-it, en tu agenda o en la mampara de la ducha cuando se te empañe. Luego repítela, elaborando una frase, cada vez que te acuerdes: «Soy un tío amable», «De verdad que soy atento, mira lo atento que he sido ahora con el camarero que me ha puesto el café». Si tienes una letra con la que encuentras muchas palabras bonitas que te describen, puedes utilizar esa letra varios días. Es más, puedes realizar todas las variantes de esta dinámica que tú desees, siempre y cuando estén basadas en aspectos positivos. Trata de acordarte muchas veces de tus palabras a lo largo de la jornada. Y así cada día con una letra distinta.

QUÉ LE DIRÍAS A TU AMIGA

La manera como reaccionamos cuando alguien querido y respetado nos cuenta un error o un fracaso es bien distinta a como reaccionamos cuando somos nosotros los que erramos. Somos más duros, inflexibles, críticos y déspotas con nosotros mismos. Pensamos que es una forma de mejorar, pero nos equivocamos. Buscamos castigarnos por el equívoco pensando que así aprenderemos, pero no es así.

En cambio, con los amigos, la pareja (cuando estamos enamorados), con un compañero de trabajo al que respetamos y valoramos, con ellos tendemos a ser más compasivos, flexibles y motivadores. Deseamos que se animen, que se sientan bien y que puedan rehacerse y empezar de nuevo enseguida.

Cuando te pilles iniciando o en medio de esta crítica voraz, para, respira, siéntate y empieza. Háblate a ti mismo en segunda persona «no te preocupes, mujer, la próxima vez prestarás más atención, mañana no te preocupará tanto, estás exagerando, no es tan importante». Háblate con respeto, con amor, con compasión. Porque **tú eres tu mejor amigo** y a tu mejor amigo no deseas hacerle daño con la palabra.

REDACTA UNA PRESENTACIÓN DE TI MISMO

Imagina que eres el invitado especial al congreso mundial interplanetario de todas las galaxias de la tortilla de patata (el congreso mundial interplanetario de todas las galaxias puede ser de lo que tú elijas). Y ahora describe la pequeña presentación que harán de ti, a lo grande, con sonido de fondo y focos de luz.

«Y a continuación, venida de la ciudad de Madrid, tenemos el gusto de presentarles a Pepa Rosales, con su exquisitez suprema, su talento insuperable, su dulzura y pasión culinaria, su capacidad increíble de mezclar sabores, su originalidad y creatividad en la cocina, la más grande de todos los tiempos, con todos ustedes, la colosal... PEPA ROSALES.»

Y si puedes, y no te da por partirte de risa, **juega con tu familia a realizar este tipo de presentaciones.** Sería genial que cada uno se inventara la suya propia en lugar de hacer la de otro. Así podrás medir el nivel de autoestima del grupo. En este juego está prohibido hacer comentarios del tipo «ole con ese ego, no tienes abuela». **Solo se aplaude y se ríe.**

ESCRIBE LA HISTORIA A TU MANERA

Tal y como te explicaba en el capítulo sobre la <u>gestión de la ansiedad,</u> lo que se trata es de anticiparte a una situación. Siempre desde el optimismo, los recursos, el humor, la paciencia y las soluciones. Puedes ver el ejercicio práctico en el capítulo anterior.

PALABRAS TALISMÁN

Todos tenemos unas palabras que nos gustan más que otras. Palabras que nos evocan recuerdos positivos, emociones que nos hacen sentir bien. Escribe esas palabras, y si no las tienes, hoy es el momento perfecto para empezar a elaborar tu **lista de palabras preferidas.**

Pueden ser palabras que te relajen, que te activen, que te den seguridad. Palabras anclaje. Las palabras a las que volver cuando lo necesites.

SI NO DESEAS QUE OCURRA...

En este ejercicio se trata de aprender a reformular para expresar en positivo. Cuando nos marcamos un objetivo, cuando tenemos algo pendiente, cuando luchamos por algo, muchas de las veces nos hablamos tratando de evitar los errores, lo que puede salir mal o lo que no deseamos. Por ejemplo «No te pongas nerviosa en la reunión, cuida de no bloquearte hablando, que a veces te quedas pillada y no arrancas, y entonces lo pasas fatal». La idea de este mensaje, el objetivo que persigue, es estar tranquila en la reunión y tratar de expresarte con claridad. Pero en lugar de decir justo eso, buscamos no cometer el fallo. Siempre estamos centrados en el error. Gracias a la investigación, sabemos que las conexiones del cerebro, las que transmiten la información a nuestros músculos, son más rápidas y acertadas si nos hablamos en términos de éxito: «Respira, habla tranquila, puedes hacerlo, tienes un discurso muy claro, te saldrá bien». Si no deseas que ocurra, ¿por qué piensas en ello?

MOTIVACIÓN POSITIVA

Es muy típico machacarse con todas las consecuencias negativas de no alcanzar lo que te has propuesto: «Si no te acuestas pronto, mañana estarás muerta», «Sí, sí, cómete el dónut y ya verás el pedazo de culo que te sale», «Como no me ponga en serio con el deporte soy candidato número uno a que me dé un infarto», etc. Pensamos que cuando visualizamos o nos recordamos las consecuencias negativas de no actuar, nos motivaremos para el cambio. Pero la investigación demuestra que es todo lo contrario, que **lo que de verdad motiva es visualizar o anticipar el cambio positivo de actuar**: «Acuéstate pronto, que mañana estarás como una rosa», «Deja el dónut, que tu cuerpo no lo necesita y así conservas este tipito tan mono», «Ponte con el deporte, que es muy agradecido y enseguida verás cómo te baja el colesterol».

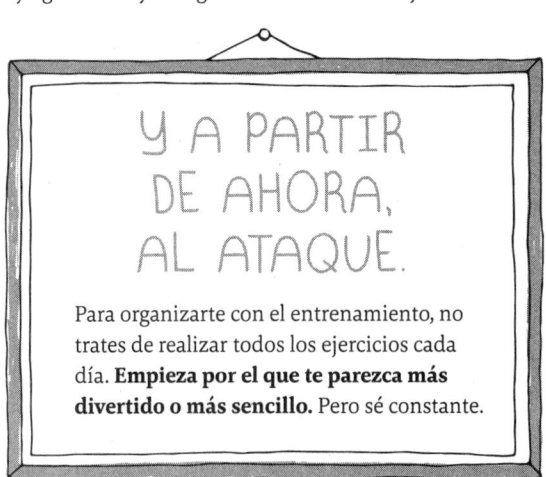

Y A PARTIR DE AHORA, AL ATAQUE.

Para organizarte con el entrenamiento, no trates de realizar todos los ejercicios cada día. **Empieza por el que te parezca más divertido o más sencillo.** Pero sé constante.

11

CAMBIO DE HÁBITOS

Tu cerebro☺
necesita
gasolina

Las neuronas mueren, pero al contrario de cómo pensábamos hace años, no se extinguen. Existen multitud de actividades que mantienen nuestro cerebro joven y que favorecen la neurogénesis, que es la creación de nuevas neuronas a partir de una célula madre. El cerebro, como los músculos, los tendones y todo nuestro organismo, si no se entrena, se oxida y envejece. Órgano que no se utiliza, órgano que se deteriora. ¡Habrá un órgano más importante que el cerebro! Mi abuela tiene ahora 93 años. Con 70 se compró su primer ordenador, se enamoró de la informática y desde ese momento no ha parado de formarse. Tiene Instagram, Twitter y es youtuber. También es un poco piratilla, porque se baja películas y música. Maneja los ordenadores mejor que mucha gente la mitad de joven que ella. ¿Por qué? No es porque sea más lista, sino **porque es más curiosa.**

Uno de los alimentos de la mente es la **curiosidad**. Y los otros, además de los ejercicios que puedas entrenar, son la **pasión**, la **paciencia** y la **tolerancia a la frustración**. Porque sin estos ingredientes, cada vez que intentes aprender algo nuevo, te frustrarás y aumentarás tu posibilidad de abandono.

Todo lo que realizamos de manera distinta, fuera de nuestra zona de confort, **rejuvenece nuestro cerebro.** Lo obliga a pensar de manera diferente, a salirse de sus esquemas rígidos y cómodos y a elaborar nuevas rutas de abordaje.

Para cuidar la mente también <u>necesitamos quietud.</u> No me refiero a quedarte repanchingado en el sofá de tu casa, sino a la quietud mental, a dejar de parlotear con tus pensamientos intrusos, dominantes, negativos, catastróficos y amenazantes. Esa intranquilidad mental que te invade todo el día y que tú sin querer alimentas. Si te dedicas a reforzar tus problemas inútiles, a darles cuerda dialogando con ellos, a razonar lo que no tiene solución, a buscar salidas a inquietudes que no dependen de ti, te será complicado encontrar la serenidad mental. La mente necesita descanso y paz como parte de su cuidado. Para calmar y acallar el parloteo y aprender cómo manejar tus pensamientos, tienes recursos en los capítulos 9 y 10 —**«Ansiedad, solo para tenerte en mis brazos»** y en **«Un pensamiento, un deseo»**—.

A continuación te presento una serie de ejercicios que te ayudarán a entrenar y <u>mantener tu cerebro atento, activo y joven:</u>

MEDITACIÓN

Una técnica infalible que te ayudará a centrarte y poder vivir en el presente, es la meditación. Olvida la idea de que es una práctica religiosa rodeada de incienso. La meditación trata de que durante unos minutos te concentres en el aquí y en el ahora a través de ejercicios dirigidos, como puede ser estar pendiente de cómo respiras. La meditación, al principio, es una práctica muy frustrante, pero toda actividad nueva, cuando se inicia, tiene su nivel de complejidad. Así que no te desanimes si ves que el primer día te cuesta mantener la concentración y tu mente divaga con cientos de pensamientos. Es normal. La práctica continuada de la meditación es la que permitirá el éxito y que seas capaz de serenar la mente. Si ves que te cuesta, puedes dejarte guiar por algún instructor de mindfulness. Si tienes dudas de a quién acudir, puedes consultar las webs de dos grandes instructoras de meditación mindfulness, mindfulnessgranada.es de Beatriz Muñoz, psicóloga y autora de *Mindfulness Funciona* (Conecta, 2015), y la página yolandacuevas.es de la psicóloga Yolanda Cuevas.

La meditación —está científicamente demostrado— fortalece la concentración, el autocontrol y mejora la empatía. La zona que se activa cuando meditas es la corteza prefrontal izquierda y es la zona que presenta más actividad en aquellas personas serenas, pacíficas y optimistas.

DESCANSO

Durante el sueño, mientras tú descansas plácidamente, **el caos se ordena**. A lo largo del día estás sometido a todo tipo de estimulación: ruido, toma de decisiones, estrés, nuevos aprendizajes, emociones, recuerdos... Durante el día, trabajas, y por la noche, mientras descansas, es tu cerebro quien ordena, repara, almacena o desecha. Por eso no puedes ningunear la importancia de dormir y descansar, porque no hacerlo envejece y te deteriora. Incluso las hormonas que regulan el apetito dejan de funcionar correctamente.

Seguramente habrás oído hablar de neurotransmisores como la **dopamina**, las **endorfinas** o la **serotonina**, todos ellos encargados de nuestro placer y sistema de recompensa. Pero existe un neurotransmisor, del que se habla menos, que es la **adenosina**, es un poco como el Fairy, lo deja todo muy limpito. Limpia nuestro cerebro de toda la toxicidad que recibe durante el día, y se genera mientras duermes.

Sin descanso y sin sueño, difícilmente hay aprendizaje. Es durante esta función cuando las personas fijamos y almacenamos los recuerdos. El sueño no solo tiene un efecto inmediato en las funciones intelectuales y el estado de ánimo, sino que además a largo plazo crea nuevas conexiones neuronales que protegen al cerebro de enfermedades neurodegenerativas.

Muchas personas tienen problemas para conciliar el sueño o cuyo descanso no es reparador, por lo que se levantan por la mañana con la sensación de estar agotadas a pesar de haber dormido. **Para dormir mejor, puedes seguir estas pautas:**

Para dormir mejor:
1) Practica alguna técnica de relajación muscular.
2) Ten una misma rutina por las noches.
3) Lleva horarios similares todas las noches.
4) Apaga la tecnología al ir a la cama.
5) No te quedes en la cama rumiando. @patri_psicologa

NUEVOS APRENDIZAJES

El cerebro, como tú y como todos, a la primera que se le da la oportunidad, se acomoda. No es que sea un vago, al revés, es muy inteligente. Todos nos acomodamos cuando entendemos que la situación está controlada, cuando es predecible, cuando valoramos el riesgo y el esfuerzo que tenemos que invertir en una situación. Para tener nuestra mente activa, necesitamos alimentarla con nuevos aprendizajes, porque a lo que ahora conoces ya te has acomodado. No te agobies pensando que toda la vida tendrás que estar haciendo grandes proezas para tener tu mente joven. **Basta con pequeños aprendizajes diarios:**

EJERCICIOS

- Aprende hoy cinco palabras cultas que desconozcas de tu propio idioma.
- Aprende tres palabras de otro idioma.
- Descárgate una app en el móvil y aprende a manejarla.
- Memoriza una canción o una poesía.
- Lee un artículo sobre un tema que no sea de tu especialidad pero que te interese.
- Aprende a jugar a algo distinto como un solitario, un puzle en tu tableta...

CAMBIOS Y NOVEDADES

Nuestra mente se estimula y le gusta abrirse a lo nuevo a pesar de que nos cueste tanto salir de la zona de confort. Nos cuesta porque allí nos sentimos seguros y protegidos, pero cuando la abandonamos, enriquecemos al cerebro obligándole a elaborar nuevos circuitos y las conexiones neuronales que lo ramifican. Un cerebro muy ramificado es un cerebro joven. Tanto con los nuevos aprendizajes como con los cambios y retos que te pongas, trata de jugar. De buscar la parte lúdica. Consigue que estos ejercicios te diviertan y disfrutes con ellos. Además de aprender y enriquecer a tu cerebro, jugar generará endorfinas que te harán sentir bien.

¿Qué puedes cambiar en tu día a día?

✓ Tu **outfit**. Esta palabra me hace mucha gracia, no soy yo mucho de anglicismos, pero es que la juventud no se quita el outfit de la boca. El outfit es tu imagen, tu estilo. Cuando nos acostumbramos a vestirnos igual, con el mismo estilillo, poco tenemos que pensar cada mañana. Trata de cambiar de colores, combinarlos de forma diferente, modificar tu estilo, siempre en un marco en el que te sientas cómodo.

✓ El **camino** a casa desde el trabajo o desde la universidad. Elabora rutas nuevas en tu cerebro. ¿Conoces el maravilloso e impresionante estudio de los taxistas de Londres? Conseguir la licencia de taxista allí es una prueba muy difícil, apta para muy pocos. Tienen que aprenderse de memoria todas las calles de la ciudad, sin ayuda del GPS. Este duro examen llevó a estudiar los cerebros de los taxistas de Londres y se descubrió que su hipocampo posterior era mayor después de pasar los exámenes para la licencia. El estudio del callejero había desarrollado y estimulado esa zona del cerebro. La neuroplasticidad había modificado su estructura cerebral. ¿De qué no seremos capaces si nos ponemos a ello?

✓ Las **recetas** con las que cocinas. Inventa, busca, mezcla nuevos alimentos que creas que combinen.

✓ La **decoración** de casa.

RETOS

Hay personas que se estimulan y se vienen arriba cuando las retas. ¿Y si probaras a hacerlo contigo mismo? No hay mayor satisfacción que la propia superación personal.

✔ **Cálculo** matemático. ¿Sabes cuánto cuesta tu carro de la compra antes de que te lo digan en caja? Trata de calcularlo la próxima vez. Cada vez que introduzcas un alimento en el carro de la compra, ve sumándolo a lo anterior.

✔ Busca **acertijos** en libros o en internet que te obliguen a pensar desde otro prisma, como por ejemplo: ¿Cuál es el siguiente número lógico en esta secuencia numérica 2 – 10 – 12 – 16 – 17 – 18 – 19 - ?

✔ ¿Cómo llevas el **entrenamiento** de tu mano no dominante? En el verano de 2017 mi hijo sufrió un accidente con el que se cortó cuatro tendones de la mano derecha, su mano dominante. Estuvo mes y medio escayolado y luego tuvo que realizar ejercicios de rehabilitación. Durante los meses de junio, julio y agosto, además de sorprenderme con una actitud paciente y serena, descubrimos que sabía dibujar genial con la mano izquierda. Prueba a vestirte, cepillarte los dientes, peinarte, ducharte o comer con la mano no dominante.

✔ Un **libro** al mes. ¿Te atreves con este reto?

HABLA

Hablar enriquece al cerebro. Comunicarnos nos lleva a practicar el lenguaje, a buscar palabras, a expresarnos. Habla con el taxista que te lleva a casa, con la persona que te vende la verdura y la fruta; habla, saluda, interactúa, participa. No necesitas ser un Nobel de la literatura para expresarte cuando quieras. Además de practicar con tu cerebro, te estarás socializando, y relacionarnos con personas nos sienta fenomenal. Si no has viajado a Centroamérica o a América del Sur, te sorprendería saber lo serviciales, educados y comunicativos que son. Pases por donde pases, te sientes en la terraza que te sientes, siempre hay alguien dispuesto a darte unos sinceros buenos días, con una sonrisa, y a mantener contigo una conversación. Sin miedo a «¿a este qué le pasa?, ¿qué querrá?». Es una maravilla sentirse así de integrado y acogido.

CREA Y JUEGA

✓ El **juego** es una actividad que nos lleva a retarnos, a perder el miedo a la derrota, a ser valientes y a seguir aprendiendo. Además genera dopamina, el neurotransmisor de la recompensa, que nos hace sentir genial. Jugar antes era más complicado, se limitaba a la infancia, pero hoy en día existen cientos de miles de aplicaciones y de juegos en la tableta, el ordenador, el móvil, la videoconsola que pueden estimular diferentes funciones cognitivas. Jugar no es perder el tiempo, es alimentar el ánimo y agilizar la mente.

✓ Inventa **letras de canciones** con musiquillas pegadizas. ¿No juegas con tus hijos a grabar vídeos de Musicali? Pues te estás perdiendo una chorradilla muy divertida... sobre todo cuando hay que repetirlos cientos de veces hasta que quedan genial.

✓ **Cambia el refranero.** «Quien bien te quiere te hará llorar», además de ser un refrán ridículo y falso, ya lo tenemos más que oído. Prueba con este: «Quien bien te quiere... te regalará dos sonrisas, tres achuchones y un viaje a Venecia».

✓ Siéntate en la terracita de una cafetería, pídete algo apetecible e **invéntate la vida de las personas**: «Esta mujer es médico, terminó tarde la carrera porque tuvo a sus hijos pronto y hoy en día se siente realizada, se le nota en la cara. Además, tiene pinta de pediatra; mira, lleva la ternura en su expresión. Creo que sigue casada». Seguramente esa mujer será entrenadora de aquagym, trabaja a media jornada y vive sola con su perro. Pero tú te has dedicado a fantasear, a inventar, a ser creativo.

HAZ EJERCICIO

El ejercicio no solo mantiene en forma nuestro cuerpo y organismo, también mejora las funciones cognitivas. Hoy en día es indiscutible la cantidad de beneficios que la actividad física tiene sobre nuestra mente. Perdona que sea tan recalcitrante con este tema en mis libros, ya lo sé, me repito. **Pero si las personas hicieran más deporte, necesitarían menos médicos y muchos menos psicólogos.** El ejercicio debería formar parte de nuestro estilo de vida y ser algo tan básico como comer, dormir o lavarnos los dientes.

La actividad física mejora el sueño, disminuye los síntomas depresivos, el estrés y los síntomas de ansiedad; mejora la concentración, ordena las carpetas de la mente, nos ayuda a ser más creativos, nos desbloquea y así podemos tomar mejores decisiones, mejora la memoria, la organización, la planificación y la atención. Además, te sentirás físicamente más fuerte, ágil, resistente, y con ello mejorará tu imagen y tu autoestima. El concepto de uno mismo cambia cuando nos vemos capaces de cumplir con pequeños retos que incluyen la fuerza de voluntad y la disciplina.

El ejercicio favorece la generación de **neurotrofinas**, que son las proteínas que mantienen nuestro cerebro joven y ayudan a las neuronas a mantenerse fuertes, grandes y mejoran la sinapsis.

Cualquier tipo de ejercicio es saludable **siempre y cuando esté supervisado o aconsejado por un profesional de rigor,** es decir, un preparador físico. Si no has hecho deporte nunca, no salgas como un loco a correr una maratón. Tendrás que realizar alguna revisión médica que te autorice a realizar ejercicio y luego empezar con un entrenamiento adecuado a tu capacidad y condiciones físicas.

ESTE ES EL RESUMEN PARA ENTRENAR TU CEREBRO:

Adelante con esa estimulación y gimnasia mental. No hay como llegar a la edad adulta con un **cerebro en perfecto estado** de revista. Díselo a mi abuela... nos da veinte vueltas a todos. Entre lo que ha vivido, la guerra, la posguerra y mil batallas más, y cómo funciona su mente en la actualidad, podría ser una enciclopedia. Si en algún momento te olvidas de un dato de la farándula, llámala. Se sabe la vida de todo el mundo. Yo la pondría de historiadora en *Corazón, Corazón*. Un beso, Anne.

12

CAMBIO DE HÁBITOS

Ande yo caliente, <u>ríase la gente</u>

TIENES DERECHO
A ELEGIR TU
MODO DE VIDA Y
A <u>NO DEPENDER</u>
DE LA OPINIÓN
DE LOS DEMÁS.

Así, sin más justificación. ¿Cuántas personas conoces? Cientos. ¿De cuántas te importa su opinión? Por lo menos de algunas decenas de ellas, si no más. **¿De verdad crees que es posible contentar a tanto amigo, familiar y conocido?** No, es imposible. Aunque el entorno sea parecido a nosotros, porque solemos unirnos a personas con valores, gustos, aficiones e incluso estilos de vestir similares, somos tan diferentes que se nos complica el hecho de tomar decisiones y actuar en función del beneplácito de todos. No es posible.

@patri_psicosa

Así que lo más importante es empezar a desechar la creencia irracional de que debes caer bien a todo el mundo, de que debes tomar decisiones que gusten a los demás y que de no ser así perderás el amor y el apoyo de estas personas. Normalmente, no ocurre. **No pierdes el apoyo ni el amor,** aunque algunas personas sean tan manipuladoras que, con tal de que cedas y hagas lo que desean, te chantajearán con todo tipo de cosas y te harán creer que si tomas la decisión contraria a la suya, acabarás solo. Pero una vez que decides por tu cuenta, los que te quieren seguirán ahí. Puede que durante un tiempo estén enfadados, pero ahí estarán. Y los que no, deberían haberse marchado mucho tiempo atrás. Estoy segura de que los retuviste pagando un precio muy alto por su compañía.

Existe un término en psicología que da una explicación a este comportamiento: **la deseabilidad social.** Responde a la idea de que tratamos de comportarnos conforme a lo que la sociedad o el entorno esperan de nosotros. Damos respuestas sociales, políticas o educacionalmente correctas. Así no defraudamos a nadie, no nos ponemos en ridículo y con ello somos aceptados por la tribu. El sentimiento de pertenencia y sentirnos aprobados y dentro de la comunidad es esencial para nuestra supervivencia. Pero **¿qué precio tenemos que pagar por ello?**

Cuando buscas constantemente la APROBACIÓN de los demás para ser FELIZ, terminas pagando un precio altísimo por ello.

Hapine$$ @patri_psicologa

SON VARIAS LAS
CREENCIAS IRRACIONALES
POR LAS QUE ACTUAMOS
CON ESTA DEPENDENCIA:

✓ Debería caerle bien a todo
  el mundo.

✓ Debería contentar a la gente
  con mi estilo de vida.

✓ Debería ser respetado y amado
  por todos los que me rodean.

✓ Si la gente no me aprueba es que
  no soy digno de ser querido.

✓ Si los que me quieren insisten
  tanto en otras opciones, es que
  debo de estar equivocado.

✓ Si no consigo el apoyo de las
  personas importantes para mí,
  me veré solo y desamparado.

¿Cuáles son las tuyas?
Anótalas a continuación:

Un motivo muy importante por el que deberías ser tú el que tome decisiones es porque los demás no van a vivir tu vida, no van a responder por ti, no se van a responsabilizar de las consecuencias de esa decisión incluso estando influenciado por ellos. ¿Serán ellos los que te paguen la terapia psicológica que vas a necesitar después de estudiar algo que no te gusta y compruebes después de quince años que eres un infeliz? No, te seguirán convenciendo de que eso era lo mejor para ti y de que tener un trabajo que te haga feliz está sobrevalorado. Nadie se hará responsable, será solidario ni te echará una mano con tu daño emocional. Nadie querrá sentirse culpable.

Un **segundo motivo** por el que debes elegir tú es porque nadie te conoce mejor que tú. Las opiniones que recibes de los demás están pensadas en función de los gustos, necesidades, prioridades, valores y deseos de otras personas. Sí, te quieren, pero no son tú, no están en tu piel, en tu sensibilidad, en tus deseos o en tus pasiones. Ni lo están ni lo podrán estar nunca, por muy empáticos que sean contigo.

Un **tercer motivo** para delegar las decisiones en terceros y dejarte influir es no querer asumir tú la responsabilidad del error en el caso de equivocarte. Si deciden los demás, no serás tú el que falla. Pero te equivocas, claro que serás tú quien falle. Porque de por sí ya es un error dejar que otros decidan tu vida.

A continuación trata de contestar estas dos preguntas:

¿Por qué es tan importante la DECISIÓN de los demás?

¿Por qué deberías ser TÚ el que eligiera y decidiera?

No tener en cuenta la opinión de los demás tiene una serie de consecuencias que debes asumir, y este es el primer paso para comportarte de forma libre. **¿Qué puedes perder, a qué renuncias tomando tus propias decisiones?**

CUANDO DECIDO YO:

- Renuncio al apoyo de los demás y me expongo a verme solo.
- Me expongo a la crítica.
- Tengo que responsabilizarme de mis errores.
- ...

CUANDO DECIDO YO:

¿Y qué ganas?

CUANDO DECIDO, GANO...

- Libertad.
- Madurez, autonomía y responsabilidad.
- Experiencia.
- Autogestión.
- Felicidad.
- ...

CUANDO DECIDO, GANO...

Manos a la obra:

¿Cómo rechazar el consejo de una persona, manipuladora o no, que quiere influir en tus decisiones?

Basta con que contestes **«agradezco tu consejo, pero por ahora he decidido...»**. Y utiliza la técnica del disco rayado si empieza con la estrategia manipuladora: «¿De verdad que vas a elegir esto, estás seguro, has valorado...?», «Yo creo que te estás equivocando, luego no vengas a pedirme ayuda porque te lo estoy advirtiendo». No trates de razonar, de argumentar. Este tipo de personas no están abiertas a tus argumentos, solo quieren que se cumplan sus deseos. La técnica del disco rayado consiste en repetir una y otra vez tu mismo argumento, sin levantar el volumen, sin modificar el tono de voz, sin mostrar desesperación. Si te ven titubear, serán todavía más insistentes. «¿De verdad vas a salir así vestida?» Como contestes «¿Me ves mal, no es apropiado?», aprovecharán para decirte que estás haciendo el ridículo, que la blusa es transparente, que no tienes edad. Y tú, dubitativa, terminarás cambiándote porque no te sientes segura.

Está claro que no podemos vivir al margen de los consejos de mucha gente que nos quiere. Pero una cosa es que te den un consejo y otra que te hagan sentir mal por no seguirlo. Sería genial que cuando tú tengas dudas, seas tú el que pida opinión. Porque a cuantas más personas consultes, más diversidad y mayor será el abanico de ideas; no obstante, **responsabilízate tú de la decisión final**, tanto si es una cuestión menor, como puede ser qué vestido llevar en una ceremonia, como si es una mayor, como qué coche adquirir o la zona donde comprarte un piso.

Da las gracias por los consejos, y acto seguido acompáñalo de «Ya tengo la decisión tomada», «Yo he pensado que prefiero...», «Puede que tengas razón pero en este momento la intuición me dice...», «Puede que me equivoque, pero necesito tomar esta decisión yo y tener esta experiencia en este momento». Razonar, argumentar, pedir perdón, mostrarte dubitativo solo es ponerles el trapo para que entren. Muéstrate seguro y decidido con tu postura. Pero sin agresividad. No necesitas gritar, humillar o ser prepotente para decir que harás lo que has decidido hacer. Mucha gente, después de verse atosigada, termina por responder con un exceso de seguridad, con mucha contundencia, y con ello genera un clima tenso. La persona segura se muestra serena, por eso está segura. No necesita demostrar su seguridad con señales no verbales o con un tono agresivo.

Necesitas aprender a vivir con la incertidumbre y el miedo de no sentirte apoyado o verte fuera del grupo. Y piensa que entre ser un rebelde outsider y estar fuera de todo a complacer a todo el mundo para no vivir el rechazo, hay un mundo. **Ninguno de los extremos es bueno.**

Está claro que no podemos vivir la vida sin contar con los demás y haciendo siempre lo que nos apetece. Nos convertiríamos en tiranos, egoístas, poco empáticos y nos quedaríamos solos. Hay que tratar de mediar y negociar. Un punto importante del que partir es que las decisiones que te afectan solo a ti y a tu familia más cercana, pareja e hijos, deberías tomarlas tú o vosotros, sin suegros, madres, padres o jefes. Si por ejemplo te ofrecen un puesto de trabajo mejor en otra ciudad, tienes que tener en cuenta la opinión de tu pareja. No hacerlo sería egoísta. Pero no debes tener en cuenta la opinión de tu suegra o de tu madre si intentan retenerte para que sigáis viviendo cerca de ellas.

Ser uno mismo y tomar sus propias decisiones con la responsabilidad que eso conlleva, al principio, puede dar vértigo a los que no están acostumbrados a hacerlo. Es como saltar sin red. Pero recuerda, **siendo tú mismo no engañas a nadie, pero, sobre todo, no te engañas a ti mismo**.

DIEZ PASOS PARA CONSEGUIRLO:

1.

DALE VALOR A LA LIBERTAD POR ENCIMA DE LA COMODIDAD.

Ser libre supone poder decidir sin condicionantes, y esta es una de las mejores sensaciones que puedes tener. Las personas de las que dependes económica y emocionalmente, muchas veces te condicionarán para que tomes las decisiones que ellos quieren. Pero a veces es preferible no dar un paso condicionado que dar un paso en falso. Si eres mujer, y aunque parezca mentira que en el siglo XXI tenga que decirte esto, busca tu libertad económica, es fundamental. ¡No te imaginas la cantidad de mujeres que tengo en la consulta que dicen que no pueden separarse porque se ven desamparadas económicamente al haber renunciado a su trabajo o a su carrera profesional en pro de la maternidad!

2.

APRENDE A LIDIAR CON EL ERROR.

El error no dice nada de ti. Tú sigues siendo alguien maravilloso a pesar de tus fallos y de tus decisiones equivocadas. Si no aceptas esto, difícilmente querrás arriesgarte a decidir por ti mismo. Repite: «El error no dice nada de mí como persona».

Solo te da información de lo que tienes que corregir, aceptar o intentar de manera distinta.

Los errores y los fracasos no te definen como persona. Tú no eres su RESULTADO, eres alguien maravilloso.

@patri_psicologa

3.

LO QUE ES BUENO E IDÓNEO PARA OTROS, NO TIENE POR QUÉ SER BUENO E IDÓNEO PARA TI.

La carrera de Derecho es maravillosa para quien le guste ejercer la abogacía o tenga cualquier otro interés relacionado con la materia. Pero la carrera de Derecho es horrorosa para alguien que tenga inclinaciones creativas, que le guste el arte, el cálculo o sanar personas. Nada es bueno o malo en sí, porque todo depende de una multitud de variables que, quien te está aconsejando, no toma en cuenta. ¿Por qué? Porque no es tú.

4.

¿Y SI FINGIENDO SER LO QUE NO ERES TAMPOCO CAES BIEN?

¿Alguna vez te has planteado esto? Tratamos de cambiar y de actuar en función de lo que los demás esperan de nosotros. Pero no siempre lo tenemos claro. Lo imaginamos con base a una serie de prejuicios de lo que creemos que se espera de nosotros, pero no tenemos la certeza. Así que, puestos a equivocarnos, que sea siendo nosotros mismos.

5.

¿Y SI SIENDO TÚ MISMO, ACERTARAS?

Hay muchas personas ahí fuera a las que les encantaría compartir contigo gustos similares. Solo tienes que tener paciencia hasta que aparezcan. Hay gente que estará encantada de conocerte porque se parece a ti, comparte tus gustos, aficiones, filosofía y estilo de vida o tus temas de conversación. No es siempre fácil encontrarlos. Pero una manera sencilla de conseguirlo es apuntarte a actividades que te apasionen, porque será ahí donde tengas más probabilidad de encontrar a gente que le apasione lo mismo. Si te gusta la literatura, el cine o la fotografía, quizá es complicado encontrar pareja o amigos que quieran hablar de esto si te dedicas a conocer a gente en una discoteca. Pero tal vez es más sencillo si te apuntas a un club de lectura.

6.

CUIDA TUS
PRIORIDADES.

Si tú no valoras tu tiempo, tus decisiones, tus gustos, nadie lo hará por ti. Ser servicial, ayudar o estar disponible es genial, pero también es genial cuidarte y respetarte tú. Las personas que priorizan a los demás antes que sus necesidades, no se estiman lo suficiente. Piensan que los otros están por encima, y que ellos ya tendrán tiempo de atenderse.

7.

LA VIDA TIENE QUE
TENER UN SENTIDO;
¿CUÁL ES EL TUYO?

Lo que nos motiva, lo que nos impulsa, lo que permite que venzamos la pereza y cojamos un compromiso, ese tipo de objetivos, necesitan un sentido para ti. Tu padre, tu pareja, tu madre, tus hermanos ven el sentido en las propuestas que te hacen, pero ¿para ti tienen sentido?, ¿es lo que te llena y saca de ti la fuerza? Puede que sí, pero también puede que no. Si es que no, no te dejes arrastrar; ¿qué da sentido a tu proyecto, por qué es importante para ti, para qué quieres tomar esa decisión?

8.

NO CEDAS POR
NO FALLAR.

Paga el peaje de dar un disgusto para poder ser feliz. A veces no se puede ser feliz a gusto de todos. Asume este malestar como parte del camino a la felicidad. La felicidad no es un estado estable, duradero y permanente. Ser feliz incluye sinsabores como puede ser defraudar o disgustar a alguien.

9.

NO CEDAS CUANDO NO TE APETECE ALGO.

Puedes rechazar un plan y seguir conservando a tus amigos. Estar siempre disponible no es un valor.

10.

ACÉPTATE TAL Y COMO ERES.

Yo soy esto y me gusto. Sin más. Verbaliza para ti: «Me gustan mis decisiones», «Me gusta en lo que me estoy convirtiendo», «Me gusta decidir y ser libre de equivocarme y de acertar».

¿Te has planteado probar con tu versión oficial? Quizá es más carismática y atractiva. Todo es probar.

HEMOS
LLEGADO AL
FINAL...

Hemos llegado al final, pero me encantaría que el final lo marcaras tú. Los autores escribimos y muchas veces nos llegan vuestras impresiones a través de mensajes en redes o correos. Para mí es una inyección de fuerza y motivación saber que he podido aportar un ápice a tu calidad de vida, a tu serenidad, a la plenitud.

¿Te gustaría poner tu reflexión, lo que has aprendido, lo que has cambiado, en qué te he podido motivar? Seguramente puedas ayudar con una simple frase a muchas personas que están bloqueadas, desconfiadas o sin motivación.

Un beso muy fuerte, gracias por leerme, por valorar mi trabajo, y nos vemos en la siguiente aventura.

Patricia

Por ello te invito a compartir en tus redes sociales este post-it que ahora está en blanco con el hashtag: #sisalierasavivir

AGRADECIMIENTOS

Me siento muy agradecida, a muchas cosas. A veces resumirlo en unas palabras es complicado. Y no me siento agradecida porque haya tenido una vida fácil, ausente de problemas. No ha sido así. Al revés, creo que he tenido, que no sufrido, una vida complicada con grandes baches que he sabido superar bien. No todo es actitud, sería injusto decirlo. Y como no todo es actitud, el resto en gran parte son tus apoyos, tu familia, tus amigos, tus pacientes, tus seguidores. Cuando miras bien, siempre hay alguien deseando echar una mano. Incluso hay personas echando una mano, aunque no se lo pidas.

Así que quiero agradecer a tanta persona benevolente, amable y confiada que ha hecho mi vida más fácil. Gracias a todos. Gracias, **Carlos** y **Joan,** por conseguir que el trabajo fluya, por el respeto y por la confianza. Me encanta trabajar con vosotros. Agradezco a **Penguin Random House** esta oportunidad de formar parte de este equipo tan grande. Se me llena la boca cuando me preguntan «¿Con quién escribes?» y yo contesto «Con Penguin Random House».

Gracias a ti, **Andrés,** porque desde lo que tú crees que no es importante, como todo eso que me quitas del medio, todos los detalles de los que te ocupas, a mí me facilitas la vida. Vivir contigo es muy fácil. Gracias a **mis hijos** por su madurez, por el respeto a mi trabajo, por su responsabilidad, su cariño y su amor. Me siento muy querida y respetada por vosotros. Gracias a **las niñas** por haberme integrado en su vida con esa facilidad y naturalidad. Y a los seis por ser un equipo.

Querido **Pablo,** tú me reinventas cada día. Eres especial, creativo, inteligente, distinto. Tuve una especial atención con **tu hermana** en *Cuenta Contigo*, ese libro tenía que ver con ella. Sal a vivir, tiene que ver contigo. La vida es disfrute, alegría, dejar de estar, saber relativizar, darte tiempo, tener paciencia. La vida es un lugar en el que hay tiempo para todo, pero en su momento. Mi vida, mi amor, vive, disfruta, saca jugo a todo. Este es un libro creativo, imaginativo, con un poco de fantasía. Como tú. Te quiero.

Gracias a mi familia. Os quiero, sois mis raíces, parte de mi filosofía de vida, mis recuerdos y mi referencia.

Y gracias a mis amigos. Siempre los tengo presentes porque han sido y son uno de los pilares más importantes de mi vida. Sin ellos hubiera cojeado infinito.

MIS NOTAS

MIS NOTAS

MIS NOTAS

MIS NOTAS

MIS NOTAS

MIS NOTAS

MIS NOTAS

MIS NOTAS